障害の重い子どもの目標設定ガイド 第2版

授業における「Sスケール」の活用

徳永 豊 編著

慶應義塾大学出版会

推薦のことば（初版より）
目標設定，学習評価を充実させるために

『障害の重い子どもの目標設定ガイド――授業における「学習到達度チェックリスト」の活用』の刊行を心からお祝い申し上げます。

本書は，国内の重複障害児教育分野を中心とした現場の先生方からの必要欠くべからざる要請として，待望の書籍化となりました。本書を推薦する理由としては，特に，「学習到達度チェックリスト」の優れた五つの特長にあります。

一つ目の特長としては，障害の重い子どもの「学び」の順序性を考える際の基準となるという点です。

二つ目の特長としては，大綱的に示されている各教科（知的障害）の内容について，各段階の内容を踏まえ，具体的な指導内容を明らかにしやすいという点です。

三つ目の特長としては，教科（知的障害）として目指す子どもの姿が具体的になることで，その土台として必要な力を育む自立活動の指導との関連を整理しやすくなるという点です。

四つ目の特長としては，「学習到達度チェックリスト」を校内共通の尺度とし，「段階・意義」に基づく実態把握や目標設定等の検討をとおして，授業者である教師一人ひとりが「なぜその目標設定にたどり着いたのか」という根拠に基づいた説明ができるようになるという点です。

五つ目の特長としては，障害の重い子どもの指導において，「学習到達度チェックリスト」によって教科の枠組みを意識することで，特に，編成が柔軟ゆえにその在り方が課題視されている「自立活動を主とした教育課程」などにおいて，教科指導の可能性を追求する視点がもてるという点です。

つまり，「学習到達度チェックリスト」の特長を一言で表すと，障害の重い子どもの学びの到達度を把握し，適切な目標設定を実現するための羅針盤と言えるでしょう。また，その羅針盤を手がかりに，教師集団の熟考プロセスを支援し，教師の育ち合いから，いわば教師集団としての教育力が高まり，それが学校組織としての専門性の向上につながる素晴らしい書籍でもあると考えます。

障害の有無にかかわらず，各教科等の目標設定や学習評価の考え方は基本的には同じです。評価したい側面は，子どもから引き出したい，力を伸ばしたい側面です。障害のある子どもの学習評価は，個々の実態に応じて設定した目標に照らして行いますが，目標の設定段階で，学習指導要領等に示された目標を十分に吟味することが大前提になります。

この十分な吟味がなければ，設定した目標及び評価の観点別に具体化した「引き出したい子どもの姿」や「適切な手立て」が主観的となり，学習指導要領等の目標を逸脱したものとなってしまいます。

そこで，学校として『障害の重い子どもの目標設定ガイド――授業における学習到達度チェックリストの活用』を共有することは，子どもには確実な学びを，そして教師には子どもの成長を引き出す視点と子どもの変化を見出す手応えをもたらすものである，と考えています。

最後になりますが，平成24年12月に文部科学省に設置された「育成すべき資質・能力を踏まえた教育目標・内容と評価の在り方に関する検討会」において，論点整理が取りまとめられました。

今後，育成すべき資質・能力に向け，各教科等の教育目標・内容と学習評価を一体的に捉えた上で，学習指導要領等において，それらの関係がより明確化され，関係者に共有されるとともに，各校の実際の教育課程編成に適切に反映されるようにする必要があると指摘されています。

文部科学省としての議論は，いまだ中途の段階にありますが，本書が，このような時期に刊行されたことは，時宜を得ているばかりでなく，各校においても学校教育として，障害の重い子どもたちにどのような力を育むのか，また，教育の成果を何によって評価するのか，一連のつながりを明示するための極めて有益な内容であり，多くの学校や教師の指針になることでしょう。

平成26（2014）年9月
文部科学省初等中等教育局
特別支援教育課 特別支援教育調査官
（令和2年4月現在　初等中等局視学官）
分藤　賢之

はじめに（初版より）

長年にわたり，障害が重度で重複している子どもの指導に取り組んできた。子どもの実態把握の際，簡便でその子どもの概要を確認するには，遠城寺式・乳幼児分析的発達検査の結果が大きな手がかりとなった。障害が重度で重複すると，独りで座ることが難しく，手指の操作も容易でない。このような子どもと活動していると，「子どもの行動の見方を教師自身がどう変えられるか」「子どもへのかかわりを，教師がどのように内省，自己観照し，改善させていくか」が重要な課題となる。そして，教員の研修や専門的な講義においてもこれらの点が強調されてきた。

しかしながら，「教師の働きかけに対して子どもが起こした行動をどのように評価するか」については，あまり検討されてきていない。さらには，子どもの実態について，教員間や保護者とで，共通理解をするための枠組みが不明確である。わずかな変化でも，目に見えるものは見える形で評価することが重要である。そうすることで，関係者で子どもの実態，目標設定，学習評価について共通理解することが可能となる。

イギリスでは，1998年に特別な教育的ニーズのある子どもの目標設定についてのガイドラインが示された。約16年が経過した現在においてもそのガイドラインによる子どもの実態把握のデータ収集が進められている。2006年のニュージーランドの実地調査に出かけた際に，障害の重度な子どもの学習評価について質問した。その際には，「ニュージーランドでもイギリスの目標設定のガイドラインを導入しなければ」との話であった。

そこで，本書で提案する「Sスケール」および「学習到達度チェックリスト」は，障害が重度であっても，教科の枠組みでつけたい力を把握し，教員や保護者，関係者で共通理解していこうとする試みである。障害が重度で重複している子どもの学習評価が可能になれば，教科等の学習に遅れのあるすべての子どもの学習評価が可能なツールとして展開できるのではないかと考えている。

これに取り組んでいる研究会，さらには本書の「ミッション・ビジョン」として，次のものを設定した。

ミッション・ビジョン

○子ども，特に障害のある子どもが，その能力や可能性を最大限に伸ばし，その子らしい「生きる力」を身につけ，その子どもなりの自立と社会参加の実現を目指す。

1）そのために，通常のカリキュラム構造のもと，的確な実態把握を行い，個々の教育的ニーズに応じて，学習目標や学習内容の設定を行う。

2）学習状況を把握し，目標設定の妥当性を高め，関係者の共通理解を確かなものにする。そのために，「学習到達度チェックリスト」を開発する。

3）そうすることで，子どもの「学び」について，6年間または9年間の積み重ね，つまり「学びの履歴（tracking progress)」を明らかとする。

まず，「教科（Subject）の視点による尺度（Sスケール)」とは，国語や算数などの教科の視点や観点に従い，乳幼児の発達を基礎として，それぞれの発達段階における行動で，子どもの学びの状況を把握しようとする尺度である。

また，「学習到達度チェックリスト」とは，Sスケールの考えによって構成された行動項目の一覧であり，子どもの学びの到達度を把握し，目標を設定するために活用するものである。

そして，学習到達度による学習評価は，すべての子どもにおいて，教員や関係者で共有する必要がある最低限の「軸」であり，その情報の蓄積が，その子どもの学びの進み具合，学びの軌跡，つまり「学びの履歴」となる。

つまり，障害のある子どもとの授業は，最低限の「軸」を踏まえつつ，子どもの興味・関心を重視し，柔軟に計画しなければならない。

なお，「学習到達度チェックリスト」は乳幼児の発達を手がかりに初期発達段階にある子どもの学びを整理したものである。知的な障害がある子どもの学びを前提としているが，発達や学びの段階は定型発達が基礎となっている。その意味では，障害のない1歳児，2歳児，3歳児の学びの整理でもある。保育所・幼稚園等における「遊び活動」において，適切な学習評価をする際にも活用可能であろう。それゆえ，保育所・幼稚園や通園施設等における活用の可能性も大きい。

平成26（2014）年9月

徳永　豊

改訂にあたって

本書は，2014年10月に初版を出版以来，特別支援学校や特別支援学級の先生方をはじめ，多くの方々に活用され，好評のもとに刷を重ねてきた。

障害の重い子どもの学びを国語や算数などの教科の視点で検討する流れは，もはやスタンダードになりつつある。平成29年度の「特別支援学校小学部・中学部学習指導要領」の改訂においても強調されるようになっている。今後も，子どもの学びを確かなものとして，教員が自信を高めて授業に臨む上では，教科の視点を踏まえることは重要なものとなることが予測される。

「Sスケール」および「学習到達度チェックリスト」は2014年に開発したものであるが，多くの現場で活用され，その実践のデータが筆者のもとに蓄積されてきた。それを元に，チェックリストの一部を改変し，現在は「学習到達度チェックリスト 2019」として提供している。さらに，いろいろな学校での実践がなされていき，活用していく上でより重要になるのは，「発達段階の意義（以下，段階意義）」の理解であることが分かった。実態把握から目標設定，具体的な授業における目標設定，これらの作業のつながりを説明する用語が，この段階意義である。この点を踏まえ，第2版を刊行することにした。

今回の改訂にあたり，主たる改変部分は以下のとおりである。

第3章の「適切な目標設定のために」に，発達段階の意義の系統図（段階意義の系統図 2019）を掲載して，実態把握から目標設定，具体的な授業における目標設定の手続きを解説した。それに伴い「スコアと根拠となる行動シート」「目標のための手がかりとなる行動シート」を改訂した。

また，第4章のうち2つの実践事例について，手続きを解説し，それを踏まえた授業計画に整理して，各シートを修正した。重要なことは，各シートをつなぐものが段階意義となっている点である。

さらに，「コラム2」として段階意義の理解を高めるために，新たに用語解説を加えた。

なお，本書全体の構成は初版を踏襲し，第 1 章では，「Sスケール（学習到達度チェックリスト）」の開発の経緯や子どもの学び，教育課程について検討する。第 2 章では「学習到達度チェックリスト」の概要と特徴を取り上げ，教科と発達の視点で整理することの必要性を述べる。第 3 章では，学習の到達度評価と目標設定の実際について解説し，作業シートの活用とその記入の仕方を取り上げる。第 4 章では「学習到達度チェックリスト」の活用例を取り上げ，第 5 章では発達段階とその意義をよりよく理解するためのポイントを解説している。さらに第 6 章では今後の課題や新たなチャレンジについて述べる。

なお，このガイドを活用するにあたり，「学習到達度チェックリスト2019」や各作業シート，および関係資料については，76ページに記載のアドレスのWebページよりダウンロードして活用できる。

令和3（2021）年2月

徳 永　豊

目　次

第１章　Ｓスケールと子どもの学び

筆者は，肢体不自由や知的障害のある子どもと，一緒に身体を動かすことを通して，その行動改善に取り組み，自らの実践を積み重ねてきた。国立特殊教育総合研究所（当時）に職を得て，隣接の国立久里浜養護学校（当時）で重度な知的障害と肢体不自由を重複する子どもとの授業に参加した。子どもの障害の厳しさに，行動の改善というより，どのようにやりとりを展開し，つながりを形成していくかの模索であった。子どもと一緒に身体を動かしながら，子どものわずかな身体の動きを拾い上げ，さらには子どもの注意の方向を見極め，そこにやりとりを仕組んでいく作業であった（文献20）。

このような試みを積み重ねる中で，子ども自身はどのように注意や動きをコントロールしているのか，働きかける大人にどのように気づき，受け止めているのか，自分自身についてはどうなのか，を把握することの必要性を感じた。このことを考える上で，乳児の体験世界に関する研究や共同注意関連行動，さらに近年において急成長している「乳児の発達研究」が手がかりとなった。

１．教科の観点を活用して

発達初期の行動項目を整理しなければと考えていた時に出会ったのが，イギリスにおける障害が重度な子どもを対象とした「目標設定のガイドライン」であった（文献２）。それは，「個人的及び社会的発達（Personal and Social Development）」であり，誕生からの発達を踏まえて，「相互交渉と社会性の発達」「社会生活スキル」「注意」の区分で整理されていた。このガイドラインがその後に「Ｐスケール」に発展していった。

このＰスケールとは，知的障害が重度な子どもに対して，乳幼児の発達を手がかりに，国語や算数など教科の視点で目標設定を行うためのガイドであった（文献18，19)。

我が国において，子どもにとっての「生きる力」は，「学力」「人間性」「体力」とされている。つけたい力の一要素として，国語や算数などの教科の視点で検討するのは，障害の有無にかかわらず，大原則である。それにもかかわらず知的障害が重度な場合や，障害が重度で重複している場合には，原則である「聞くこと」「話すこと」など国語等の視点が活用されていない現状がある。

これまでの特別支援教育の経験を踏まえつつ，伝統的な良さを残しながら，子どもの実態把握や学習評価に，大原則である国語や算数の教科の視点を再導入することが必要とされていた。

2．簡単・便利さを

障害が重い子どもとの授業を展開する際に，子どもの発達に関して大まかな把握が欠かせない。多くの特別支援学校（肢体不自由）の小学部等では，簡便な発達検査として「遠城寺式・乳幼児分析的発達検査表」（文献４）を使っている。比較的簡単に検査でき，発達の傾向を全般的に分析し，プロフィールで把握できるので使いやすい。どの検査を選択するかは目的によるものの，詳細に把握する検査法は数多くあるが，検査しやすさや使いやすさからするとこれに勝るものはない。このような理由で，遠城寺式・乳幼児分析的発達検査は，特別支援学校で比較的幅広く活用されている。

しかしながら，これは発達検査のため「運動」「社会性」「言語」の区分となっていて，学校の教科の視点での指導とのつながりは検討されていない。授業につながる学習評価に活用するためには，項目の区分を読みかえなければならない。言語は「聞く」「話す」と対応するものの，「読む」「書く」や「数と計算」「図形」などに該当する項目はない。

つまり，遠城寺式・乳幼児分析的発達検査表は簡単で便利な実態把握のツールではあるものの，そのまま授業における実態把握には使えない。

そこで，知的障害がある子どもや肢体不自由に併せて知的障害を有する子どもの学びの状況を把握し，適切な目標設定をするために，教科（Subject）

の枠による尺度である「Ｓスケール」（9ページ参照），それによる行動リストである「学習到達度チェックリスト」（以下，「チェックリスト」）を作成した。

このチェックリストは，まず筆者である徳永が2005年頃より開発に着手し，2006年に「学習評価研究会」（その後，「障害のある子どもの学習評価と授業改善の研究会」に発展）を立ち上げ，古山勝，吉川知夫，一木薫，田中信利らの協力のもと，より活用度が高いものへと練りあげていった。

また，学校で教育実践を展開している教員などを対象とした研究会やセミナーを開催してきた。

3．「Ｓスケール」「学習到達度チェックリスト」とは

Ｓスケールおよびチェックリストは，特に知的障害が重度な子どもに対応できるように，誕生から１歳６カ月までの項目を詳細に設けている。図１－１に示したように，Ｓスケールの特徴は，「聞く」「話す」等の「教科の視点」を重視した点であり，チェックリストには初期段階である「乳幼児の発達」を踏まえて行動項目を列挙した。さらに簡単に活用でき便利に使えることを目指している。遠城寺式・乳幼児分析的発達検査表と比較すると複雑過ぎる部分もあり，今後に簡略化を進めていく必要もある。

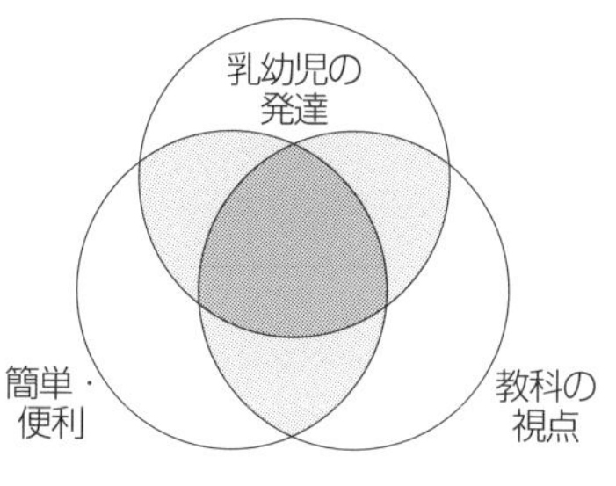

図１－１　「Ｓスケール」の特徴

スコア	聞くこと	話すこと	読むこと	書くこと	数と計算	量と測定	図形
84	国語と算数の各まとまりで，スコア１からスコア72（小学校１年生段階）までを，12段階で整理して，子どもの学びの程度（学習到達度）を把握し，目標設定の手がかりとして，授業づくりの基本情報とする。						
72							
・							
・							
4							
2							
1							
	国語				算数		

図１－２　「Ｓスケール」の基本的な構造

Sスケールの基本的な構造を図１－２に示した。横軸に「聞くこと」「話すこと」「読むこと」「書くこと」の国語科，さらに「数と計算」「量と測定」「図形」の算数科が位置づけられている。さらに，縦軸が発達段階であり，生後１カ月程度に相当する「スコア１」から１歳程度に相当する「スコア12」，さらに小学校１年生に相当する「スコア72」まで各12段階と，それ以上の行動項目が位置づけられている。

4.「学び」についての再考を

平成19年度に制度的に特殊教育から「特別支援教育」と転換された。インクルーシブ教育システムを構築する取り組みにおいて，子どもの「学び」を教育学の視点から再検討し，障害があることを理由に質の異なる「学び」としないこと，つまり学びの連続性が求められる。つまり障害の有無にかかわらず，教員が授業において追求していくことは，子ども自身が「学び」を積み上げていくことをいかに支援していくかである。

この学びの連続性を踏まえると，障害があっても身につける力の基本は，「聞く」「話す」などの国語科や物の有無から成り立つ「数と計算」などの算数科の視点であろう。これらの求められる力について，誕生からの発達を踏まえて把握し，目標設定をしていくことが重要になる。

なお，教科の視点を重視しているが，机上等で教科別の指導が必要と考えているわけではない。子ども自身が効果的に学ぶことを考え，各教科等を合わせた指導を工夫して，体験的に学ぶことが基本になる。

（徳永　豊）

5. 特別支援学校の教育課程

障害が重度な子どもの多くは，特別支援学校において教育を受け，生きる上で必要なことを学んでいる。そこでの教育は，発達の程度や障害の特性に応じてさまざまに工夫されたものである。

特別支援学校の教育課程は，小学校段階である小学部の場合，小学校の各教科等に加えて，「自立活動」で編成されている。自立活動とは，障害による学習や生活上の困難に対応する教育活動となっている（文献11）。

また，知的発達の遅れなどの知的障害を伴う子どもに対しては，小学校の各教科ではなく，知的障害者を教育する特別支援学校の各教科（以下，「知的障害の教科」）の内容を指導することになっている。この教科には知的発達の初期段階に応じた平易な内容が含まれている。

このように特別支援学校では，在籍する子どもの実態に応じた弾力的な教育課程が編成されている。在学期間に何を（教育内容），どれだけの時間をかけて指導するのか，教育内容や配当時数を決定する裁量が各学校に委ねられている。その意味からすると，各学校の判断が在籍する子どもの「学び」を大きく左右することになる。

６．編成された教育課程の実際

特別支援学校の代表的な教育課程としては，例えば「小学校，中学校等の各教科を中心とした教育課程」や「知的障害の教科を中心とした教育課程」，「自立活動を中心とした教育課程」などがある。

このように教育課程を工夫していて，子どもの個々の実態に応じて，学習指導要領から実際に指導する教科や領域等，またそれぞれの目標・内容を選択し，授業づくりをすることが大切となっている。

この点から，特別支援学校の授業では，学習指導要領のどの目標・内容を扱うのかを十分に自覚しなければ，授業における目標設定は難しくなる。

７．授業における目標設定の考え方

特別支援学校では，個々の子どもの多様な実態に即した授業実践が求められる。実際の授業で設定する個々の目標は，①学習指導要領に示される各教科・領域等の目標や内容に対応する教育計画と，②個々の実態に基づいて作成される，「個別の指導計画」の２つの目標系列から成立する（文献22）。

小・中学校における授業の目標設定では，学習指導要領に示される各教科・領域等の目標が中心となっている。他方，特別支援学校では，「個別の指導計画」が重要不可欠となる。

特別支援学校における日々の授業は，この２つの視点が複合する部分に位置づけられる。教師は，学習指導要領に示された各教科の目標に即した評価規準に個々の子どもの実態を照らし，個々に必要な手だてを踏まえて「個別の評価基準」を設定しなければならない。

授業では，的確な実態把握に基づく目標設定と学習評価が基本になる。実態把握には個々の実態を照らす指標が不可欠となる。子どもが「生きる力」を高めるために教員は何を指導するのか，教科も含めた吟味が重要となっている。

８．目標設定につながりにくい教科の内容の段階

重度・重複障害の子どもの実態に応じた目標設定が抱える課題とは何か。重度・重複障害の子どもの場合，その多くは知的障害の教科を学ぶ。小学校の各教科は学年（または２学年）ごとに目標と内容が示されている。他方，知的障害の教科は，各学部（小学部・中学部・高等部）・各段階で１つの目標を掲げ，段階ごとに内容を設ける形となっている。小学部の場合，内容は１歳程度の発達段階の行動から小学校の内容までを３つの段階で示している。これは，多様な子どもの実態を想定して３つに区分したものであり，段階間の幅が大きくなっている。そのため，実際の授業では，「Ａさんは，２段階の内容を踏まえた目標は達成したけれど，３段階の内容を踏まえた目標を次の目標として掲げるには高すぎる」との事態が生じる。

各教科等の目標系列の目盛りが大きいために，個々の子どもの実態を踏まえて，指導目標を設定する指標としては十分ではなく，補完する指標が必要となっている。

９．Ｓスケールおよび学習到達度チェックリストの活用

障害が重度な子どもの学習目標を，教科の視点で検討する必要性が指摘されている。重度・重複障害の子どもに対する知的障害の各教科の指導で，Ｓスケールおよび学習到達度チェックリストを活用した実践がある。そこでは，

個々の実態に応じて，目標設定を行っている。以下にその手順を示す。

1）知的障害の各教科の目標・内容に対象児の実態を照らして，何段階相当であるかを把握する。

2）チェックリストで対象児の到達度である「スコア」を把握する。

3）上記２）の「スコア」とその「スコア」の発達段階の意義を参照し，なぜ対象児は１）の「内容の段階」にあるのか，実態の背景を考察する。

4）上記３）を踏まえ，対象児が次の「内容の段階」に至るためにはどのような力を育む必要があるかを検討する。

5）教科（例えば国語）としての指導目標を設定する。

6）対象児が目標を達成するために必要な手だてを検討する。

この手続きで個々の子どもの目標と手だてを導き出すことが可能となっている。教師にとって，「授業でどのような姿を子どもから引き出したいのか」「そのために自身がどのようにかかわるとよいのか」を授業に先立って明確に整理する機会となっている。また，授業における子どもの確かな変化と指導の手応えにつながっている。知的障害の教科の目標・内容（目盛りの大きな尺度，ものさし）に加え，チェックリスト（より小さな目盛りのものさし）を活用することで，個々の実態に即した教科の指導目標を適切に設定することができる。さらに，授業の中で，教科として目指す子どもの姿が具体的になることで，教員は，その姿の土台として必要な力を育む自立活動の指導との関連を再認識しやすい。

今後，特別支援学校が，自らの学校において重度・重複障害の子どもたちの「生きる力」を育むために，バランスのとれた教育内容について検討する上で，チェックリストが果たす役割は大きい。

（一木　薫）

第２章　学習到達度チェックリストの概要と特徴について
――身につけたい力と発達段階の意義

学校教育として，子どもの「生きる力」をバランスよく把握する意味で，国語等の教科の視点が必要となっている。また，障害が重度な子どもとの授業において，妥当な目標設定を可能とするために，適切な目盛りの「ものさし」が必要になっている。

このような課題を解決するツールとして，国語などの教科の視点を軸に，乳幼児の発達を踏まえて，生後１カ月以降の行動を手がかりとして，子どもの学びや発達を段階的に把握していく尺度である「Sスケール」を開発し，「学習到達度チェックリスト」（以下「チェックリスト」）の改良を重ねてきた。ここでは，これらの概要，特徴およびチェックリストを活用する上での留意事項について取り上げる。

１．学習到達度チェックリストの概要

図２－１（10－11ページ）にチェックリストの一部を示した。縦の軸が発達の段階であり，本図ではスコア１からスコア18までとなっている（さらにスコア24以上の項目もあるが，ここでは掲載を割愛する）。スコアはおおよそ月齢に該当する。このスコアの各段階について，その発達段階の特性や特徴，すなわち発達段階の意義（以下，「段階意義」）が記されている。例えば，スコア２の段階意義は「外界の探索と注意の焦点化，自発運動」となっている。

横の軸が，「つけたい力」をみていく視点である。教科の中で基本的なものとして「国語」「算数」を位置づけた。「生活」と「運動・動作」については，子どもの発達の概要を把握するためのものである。

つけたい力のまとまり，例えば国語の「書くこと」で，スコア12の欄（以下，「セル」）には，代表となる行動として，「『ちょうだい』と言うと持って

いる物を渡す」「左右斜め等になぐり描きをする」「親指と人差し指で物をつかむ」の３つの行動項目が記載されている。対象となる子どもにおいてこれらの行動が生起するのか否かを検討し評価する。

⑴「Sスケール」とは

国語などの教科の視点を軸に，生後１カ月以降の行動を手がかりとした尺度である。図２－１の横軸である教科・まとまりと，縦軸である段階・スコアの枠組を意味する。教科（Subject）の視点を活用した尺度という意味で「Sスケール」とした。チェックリストは，この尺度を基礎に構成された行動項目の一覧である。

⑵ つけたい力の要素をみていく観点

チェックリストでは，「国語」「算数」を基礎となる教科としている。国語は「聞くこと」「話すこと」「読むこと」「書くこと」がまとまりである。発達段階が１歳未満の場合には，それぞれを「受け止め・対応」「表現・要求」「見ること」「操作」と理解しやすいように併記している。

算数の発達初期は，外界をどう受け止め・知覚・認知するかの水準であり，スコア６まではまとまりを区別しないで，「外界の知覚認知」とした。スコア８から，「数と計算」「量と測定」「図形」に分けた。「数と計算」は「数の大小または対応」「個数や順番の理解」であり，「量と測定」は「大きさの比較，長さ，面積」につながり，「図形」は「形の理解，図形の弁別」につながるものである。

⑶ 発達の段階について

スコアとは，誕生後の月齢に該当するものである。乳幼児の成長発達を踏まえて，スターン（文献13）やロシャ（文献12），徳永（文献21）などの研究を手がかりに，基本となる発達の段階を構成した（表２－１）。

子どもが外界や他者をどのように理解するかの基本的な特性や特徴である。詳細は16－17ページのコラム1で解説している。図２－１には示していないが，スコア24以上は，保育所保育指針や幼稚園教育要領の段階を参考にした（文献８，10）。障害が重いことに対応することを考えて，１歳半程度までの

図２－１　学習到達度チェックリスト 2019

氏　名		
生年月日	年　月　日　生	男　女

スコア	段階意義	聞くこと	話すこと	読むこと	書くこと
18	言葉の理解、意図の理解と共有、要求の明確化、数量概念の形成、対象・事象の関係づけ	□ 聞いて5個ぐらいの言葉がわかる	□ 自分の要求を伝えるために「あけて」など5語ぐらい使える	□ 大人が指さした方向を振り返って見る	□ 積木を3つ重ねる
			…発的に指さ…	□ 欲しい物があると要求するように大人の顔を見る	□ 「ちょうだい」と言われたほうにボールをころがす
			…と要求する	□ 他の子どものしぐさを見て真似をする	□ 紙を丸める
12	言語指示への応答、相互的なやりとりの拡大、発語、数量への対応、活動と結果のつながりの理解、手指の巧緻性、移動…		…ると「ちょう…出す	□ 大人と一緒に絵本のページをめくって見る	□ 「ちょうだい」と言うと持っている物を渡す
			…は「マン…言う	□ 大人が指さした方向を見る	□ 左右斜め等になぐり描きをする
			…さしで要求	□ 大人の視線を追って同じ物を見る	□ 親指と人差し指で物をつかむ
8	言葉への応答、物を介したやりとりの芽生え、音声や身振りによる働きかけ、数量への注目、活動と結果のつながりへの気づき、探索的操作、姿勢の保持・変換	□ …返ってこちらを見る	□ …からだを動かしたりして、相手の…をひく		
		□ 「ちょうだい」の身振り…	□ 顔をそむけたり、…いや…		
			…、「…物を…		
6	やりとりや行動の理解と予測、音声や表情による対応や模倣、注意の追従、物の単純な操作、体幹の操作		…ている…わる	□ …きながら見る	□ …を伸ばしつかむ
			…かけに、…」と声を出し	□ 180度、見て物を追う	□ 握らせるとガラガラ等を振る
		□ …する	…表情を変えて対応する	□	□
4	他者への注意と反応、発声、注意の持続、外界を志向した手指動作、頭部の操作	□ あやされると笑う	□ 名前を呼ばれると応じる	□	
		□ 声をかけられると表情で応じる	□ 「アー」「オー」「ウー」など声を出す	□	
		□ 特定の声によく反応する	□ 親しい人やおもちゃなどに向かって、声を出す又は手を伸ばす	□ 画面などを…つづける	□ 親しい人へ手を伸ばす
2	外界の探索と注意の焦点化、自発運動	□ 音がすると動きを止める	□ 働きかけられると微笑む	□ 人の顔を3秒ほど見る	□ 腕や手足を動かす
		□ 音や声のするほうに顔の…	□ …に動かす	□ 物を3秒ほど見る	□ 手が口に動く
		□	…泣く	□ おもちゃを差し出すとそれを見る	□ からだを伸ばす、そらす
1	外界の刺激や活動への遭遇、反射的反応	□		□ 外に出るとまぶしそうに目を閉じる	□ 急に抱きかかえられると身構える
		□ 人の声で表情が変わる	□ 突然の光や音に、緊張して身構える*	□ 明るさや光の変化に驚く*	□ 動かされることに驚く*
スコア	段階意義	受け止め・対応	表現・要求	見ること	操作
			＊ は重複項目	国　語	

言葉への応答，物を介したやりとりの芽生え，音声や身振りによる働きかけ，数量への注目，活動と結果のつながりへの気づき，探索的操作，姿勢の保持・変換
□「ちょうだい」と言うと持っている物を渡す
□左右斜め等になぐり描きをする
□親指と人差し指で物をつかむ
□あやされると笑う
□声をかけられると表情で応じる
□特定の声によく反応する
□人の顔を 3 秒ほど見る
□物を 3 秒ほど見る
□おもちゃを差し出すとそれを見る
外界の探索と注意の焦点化，自発運動

※本チェックリストは，ダウンロード可能（本書76ページ参照）。

実態把握年月日	1）　年　月　日（　歳　カ月　）評価者氏名（　　　　）
	2）　年　月　日（　歳　カ月　）評価者氏名（　　　　）

数と計算	量と測定	図　形	生　活	運動・動作
□ 提示された物（果物等）と同じ物を選ぶ	□ 「少し」と「たくさん」がわかる	□ 大・小の物をマッチングする	□ 親の後追いをする	□ 1～2歩あるく
□ 「ひとつだけ」がわかる	□ ゆっくりや止まるなど大人の行動に合わせる	□ 物を重ねたり、積み上げたりする	□ ほめられると繰り返す	□ 座った姿勢から立ちあがる
□ 「外に行くよ」で、靴を履こうとする	□ 大人の援助で「全部入れる・出す」を行う	□ 見本と同じ形を選ぶ		るぐると丸を書く
□ 挨拶の後に食べるなど、順番に合わせて行動する	□ コップの飲み物が増えるに注目する	□ 積み木を2つ横に並べ		かまって立ったりしゃんだりする
□ 2つの物で「こっちちょうだい」に応じる	□ 大きいほうのケーキを選ぶ	□ カップに玉を入れたり、出したりする		つん這いやずり這いなをする
□ 2つのコップから隠したものを見つける	□ よく知っている歌やリズムのテンポの変化に表情を変える	□ はめ板で○を合わせようとする	□ おもちゃ等を取られると不快を示す	□ びんのふたなど、ふたをあける
□ 目の前で隠されたものを探す	□ 2つの物からお気に入りの物を選ぶ	□ 大人の援助でおもちゃをカップに入れたり出したりする	□ 手さしや指さしをする	□ ひとりで座る
□ 「こっちとこっち」と物を示すとそれらを見る	□ ジュースがなくなったことがわかる	□ 物を別の物に乗せようとする	□ 両手で物を操作する	□ 物を持ちかえる
□ 遊びや歌が終わると、やってという行動を示す（要求する）	□ ふくらむ風		□ 他の人の物をほしがる	□ 腹這いで体を動かす
□ 手に持った物を口に持っていく、見る			おかしなどを自分で食べる	□ 寝返りをする
□ 積み木にさわって倒す			コップから飲む	□ 手を伸ばして物をつかむ
□ ガラガラを叩く			しみと怒った顔がわか	□ 両手で物をつかむ
□ 物に手を伸ばす			□ スプーンから物を飲む	□ 首がすわる
□ 持たせると物をもつ			□ 人に微笑みかける	□ おもちゃをつかむ
□			□ あやされると声を出して笑う	□ 物を見て、そこに手を伸ばす
□			□ 顔に布などをかけられると不快を示す	□ 腹這いで頭を動かす
□			□ ひとり笑いをする	□ 仰臥位で手や足を動かす
□ 目の前の物に焦点が合うと注　る			□ 人をじっと見る	□ 手をしゃぶる
□ 明るさや光の変化に驚く*			□ 空腹の時に泣く	□ 目や首を動かす
□ 動かされることに驚く*			□ 物や人の顔などを見る	□ 触れたら反応する
□ 突然の音や光に、緊張して身構える*			□ 音に動きを止める	□ 手に指を入れるとギュッと握る
外界の知覚認知			生　活	運動・動作
算　数				

□ひとりで座る
□物を持ちかえる
□腹這いで体を動かす

□スプーンから物を飲む
□人に微笑みかける
□あやされると声を出して笑う

□明るさや色の変化に驚く*
□動かされることに驚く*
□突然の音や光に，緊張して身構える*

段階をスコア１からスコア18までの７段階とした。そのさらに上の段階として，スコア24からスコア60までを４段階とし，合わせて全11段階とした。このスコア60から上は，小学校１年生段階以上の行動項目につながる。

なお，スコア18までの段階意義については，本書の第５章で詳細に取り上げている。

⑷ 各セルの行動項目について

発達段階に応じて各セルに記載されている行動項目については，遠城寺式・乳幼児分析的発達検査やイギリスの改訂版Ｐスケール（文献３），イクォールのスケール（文献５），その他の発達検査を参考にした。改訂を重ねながら，行動が教科のまとまりとして妥当か否か，発達の段階として適切か否かの検討を重ねた。

なお，他者との関わりについての重要な発達現象に，「共同注意（Joint Attention）」がある。これは，スコア18の段階意義にある「意図の理解と共有」の基本となる行動である。この共同注意が成立するまでの乳幼児の外界・他者理解である二項関係（dyad）および三項関係（triad）形成に関する行動としては，大神（2001, 2008）の「他者への発声・関心」「名前への反応」「身体接触への反応」「やりとり遊び」等を含む「共同注意関連の30項目」を参考にした（文献14，15）。

表２－１　各スコアでの発達段階の意義

スコア	発達段階の意義
18	言葉の理解，意図の理解と共有，要求の明確化，数量概念の形成，対象・事象の関係づけ
12	言語指示への応答，相互的なやりとりの拡大，発語，数量への対応，活動と結果のつながりの理解，手指の巧緻性，移動
8	言葉への応答，物を介したやりとりの芽生え，音声や身振りによる働きかけ，数量への注目，活動と結果のつながりへの気づき，探索的操作，姿勢の保持・変換
6	やりとりや行動の理解と予測，音声や表情による対応や模倣，注意の追従，物の単純な操作，体幹の操作
4	他者への注意と反応，発声，注意の持続，外界を志向した手指動作，頭部の操作
2	外界の探索と注意の焦点化，自発運動
1	外界の刺激や活動への遭遇，反射的反応

(5)「聞くこと」「話すこと」に関する行動

表２－２は，「聞くこと」「話すこと」の各まとまりについて，それぞれの発達段階における代表的な行動を示した。スコア１の反射的行動としては「大きな音にびっくりする」「声を出して泣く」，スコア４の他者への注意と反応としては「あやされると笑う」「『アー』『オー』『ウー』など声を出す」，スコア８の音声や身振りによる働きかけとしては「『ちょうだい』の身振りで，物を差し出そうとする」「手を伸ばして，『アー』と声を出して物を欲しがる」がある。これらの行動項目を手がかりにその段階を達成しているか，否かを検討することになる。

２．チェックリストについての留意事項

チェックリストを活用した子ども実態把握等の評価にあたって，次の点の考慮が必要となる。

(1) 項目の記述は代表例である

チェックリストのそれぞれのセルに示された行動は，そのまとまり・段階における行動をみた場合の「代表となる行動」の例である。表２－１のスコア４の段階意義は「他者への注意と反応」である。この具体例が代表となる行動であり，図２－１の「聞くこと」では「あやされると笑う」「声をかけ

表２－２　「聞くこと」「話すこと」の段階的な行動例

スコア	「聞くこと」に関する行動（代表例）	スコア	「話すこと」に関する行動（代表例）
18	これからお話があるから，と言うと聞く姿勢になる	18	「自分でする」と要求する
12	自分の名前を呼ばれると，返事をする	12	欲しい物を指さしで要求する
8	「ちょうだい」の身振りで，物を差し出そうとする	8	手を伸ばして，「アー」と声を出して物を欲しがる
6	「1，2の3」で，3の前に期待する表情をする	6	大人の働きかけに，「アー」「ウー」と声を出し対応する
4	あやされると笑う	4	「アー」「オー」「ウー」など声を出す
2	音がすると動きを止める	2	むずかるように泣く
1	大きな音にびっくりする	1	声を出して泣く

られると表情で応じる」と例示されている。

あるまとまり・段階の代表となる行動ということは，段階意義を踏まえると，候補となる行動は代表例以外にもあり，類似するような行動が想定される。

言い換えると，代表となる行動は段階意義を検討する際の手がかりとなる行動であり，より重要なことは段階意義を達成しているか否かになる。その意味では，代表例にとらわれることなく段階意義を理解し，判断することが大切になる。

(2) 障害のために活動に制限がある場合

障害の重い子どもは重複した障害になる場合も多く，目が不自由な場合や手指の操作が困難な場合がある。それぞれのまとまり・段階の行動項目は，このような活動の制限を考慮して選択されていない。聴覚障害の場合には，聞くことに関連する項目についての評価は困難で妥当ではないし，また手指の操作が難しい場合には，「書くこと」のスコア８にある「おもちゃ等をぶつける」という行動は妥当ではない。このような場合は，それを代替する行動を検討することが必要になる。

このチェックリストの基本的な発想は，「視覚情報や聴覚情報の活用および手指操作に障害があったとしても，子どもが『もの』や『人』に関わるための認知の発達段階は同じ構造である」と考えている。ただ，活動に制限があり，生起する行動の種類や特性が異なるだけである。

例えば，見ることが難しくても，人と共同して活動できるのは，相手の意図や気持ちの理解が成立しているからである。ただ，その段階に至るための行動が障害の特性を反映するだけ，と考えている。

(3) 支援を含めた評価・目標設定

学習評価および目標設定においては，支援を含めた段階的な把握や設定が重要となる。チェックリストの項目の記述は，働きかけを踏まえながら「独りで」その行動が可能かという記述になっている。詳細な実態把握や評価，目標を検討する際には，具体的な支援の程度を含めて記述していくことが必要となる。

⑷ 共有したい最低限の枠組

Ｓスケールとチェックリストおよびスコアは，子どもの実態把握や目標設定に際して，教員や関係者で必要不可欠な共通理解を提供するものである。

このＳスケールとチェックリストは最低限の枠組みである。これだけで授業づくりをすることはできない。ツールのひとつにしか過ぎず，他の実態把握や授業として実現したいことを含めて，ダイナミックなおもしろみがある授業が大切になる。この点については，教員の創造力と経験が重要なものになる。あくまでも，そのような授業においてこれだけは把握しておきたいポイントを提供するだけである。

さらに行動項目を手がかりに，目標として設定した行動が生起することだけを目指してはいけない。特定の行動についての指導ではなく，その行動を含んだ活動を工夫して，目標とした行動につながる段階意義の獲得，「発達の力」を高めることが重要になる。そうすることで，異なる場面や異なる文脈においてその行動が出現しやすくなる。

また，チェックリストを活用して授業づくりに取り組むと，この行動項目では粗すぎて，細やかなところでそのまま活用できない場合が生じる。１枚の用紙で，子どもの学びの概要について６年間または12年間の内容を大枠で把握し，学びの方向と現在の状況を理解することを重視しているためである。それぞれの段階の詳細な項目等は，教員の専門性を生かして補うことが必要になる。

これらの点を踏まえつつ，実態把握や目標設定に，発達を踏まえた教科の視点は大切であり，チェックリストは，その取り組みを支えるツールとなっている。

（徳永　豊）

Column1

各スコア（1 ～ 18）での発達段階の意義〈2019〉

→ スコア 1

外界に働きかけることは少なく受け身的であることが主で，人や物との出合いである**「外界の刺激や活動への遭遇」**が特徴である。突然の音に驚いたり泣いたりするなど，外界の変化や身体に触られることに**「反射的反応」**を示す段階である。

→ スコア 2

主となるのは，見たり聞いたりすることで，**「外界の探索と注意の焦点化」**の段階である。この場合の探索は，「何だろう」と外界の変化に気づき，注意を向ける程度のものである。数秒ではあるが外界への主体的なかかわりの芽生えである。手足を動かしたりする**「自発運動」**がみられる段階ではあるが，何かをしようとする目的的な動きではない。

→ スコア 4

注意の焦点化が高まり，探索的に身近かな人や物に注意を向け続ける**「注意の持続」**が可能となる。積極的に働きかけてくる大人に注意を向け，動きや声などで応じる**「他者への注意と反応」「発声」**の段階である。差し出された物に手を伸ばしたりおもちゃをつかんだりなど，目的的な手指の動きである**「外界を志向した手指動作」**がみられる。首がすわるなど，自らの姿勢を保持しようとする**「頭部の操作」**が芽生える段階である。

→ スコア 6

移動する人や動く物を追視する**「注意の追従」**がみられる。それによって行為ややりとりの推移に関心をもち，大人とのかかわりも増え，「イナイ・イナイ・バー」や，「ダメだよ」の制止に反応するなど**「やりとりや行動の理解と予測」**が生じる。大人による働きかけに**「音声や表情による対応や模倣」**が可能になる。ガラガラを振る，手を伸ばしてつかむなど，**「物の単純な操作」**ができるようになる。また寝返りをうつなど，自らの姿勢を意図的に動かす**「体幹の操作」**がみられる。

―――――――――――――――――→ **スコア 8**

「音声や身振りによる働きかけ」によって大人の注意を引いたり，大人の発した呼名に応じるなど，**「言葉への応答」**をみせたりする。物を受け取る・差し出すなど，**「物を介したやりとりの芽生え」**がみられるようになり，大人とのやりとりが多様になる。物をつかんでぶつけるなど，**「探索的操作」**を繰り返し行い，こうした活動を通じて活動の推移や変化に注目する**「活動と結果のつながりへの気づき」**が生じる。腹這いから姿勢を変える・座るなど，**「姿勢の保持・変換」**の力が高まる。

――――――――――――――――――――→ **スコア12**

自己と対象と他者によって構成される三項関係（共同注意）のやりとりが活発になり，**「相互的なやりとりの拡大」**がみられる。こうしたやりとりを通じて，物と言葉の関連に気づき始め，「ボールちょうだい」など簡単な指示に応じる**「言語指示への応答」**や，「マンマ」「ママ」など簡単な言葉を**「発語」**するなど，言葉の発達が芽生えはじめる。つまむ，拭くといった微細な動きが可能になり，**「手指の巧緻性」**が高まる。ハイハイなどで**「移動」**することがみられる。

―――――――――――――――――――――――→ **スコア18**

共同注意のやりとりにおいて，大人からの働きかけに応答するだけでなく，自ら大人に働きかける始発的なものがみられるようになる。こうしたやりとりを通じて大人の意図を理解したり，大人に自分の意図を理解させようとしたりする**「意図の理解と共有」**が可能になる。「自分でやる」や「こっちがいい」など**「要求の明確化」**がみられるようになる。また共同注意場面を通じて，「ブーブー」「ワンワン」など物と言葉を関係づけて**「言葉の理解」**が高まる。「ひとつ」や「全部」等，数量にかかわる言葉を理解・使用したりして**「数量概念の形成」**がみられたり，ある物と別の物とを対応させたりする**「対象・事象の関係づけ」**ができるようになる。

（徳永 豊・田中信利）

第3章　学習到達度チェックリストの使い方と留意点

子どもの学習において適切な目標設定を行うためには，具体的で的確な実態把握が基本となる。「いい授業」には，「子どもの学びが成立する」という要素が不可欠であり，学ぶということは「これまでの体験に，授業での新たな体験を主体的につなげること」である。教員にとっては，これまでの子どもの体験を把握し，「できること」と「難しいこと」を区別することが前提となる。この実態把握こそが，学びの段階を踏まえることであり，このために活用しているものが，「Sスケール」であり，図3－1の「学習到達度チェックリスト」（以下，「チェックリスト」）である。

このような実態把握と目標設定のために，ここではチェックリストおよび「スコアと根拠となる行動シート」「目標のための手がかりとなる行動シート」「目標・指導内容・方法シート」を活用する。

1．学習到達度チェックリストから

チェックリストに書き込む欄がいくつかあり，氏名，生年月日，性別，実態把握の年月日および評価者氏名（代表者）を記入する。1回だけでなく，期間をおいて複数回で評価することもある。手書きでチェックリストを記入する場合には，記入する色などを変えるように工夫する。例えば，達成した項目について，1回目には赤色で記入し，2回目は青色で記入することで，学習の進み具合（学びの履歴，tracking progress）が確認できる。

2．実態把握および診断的・総括的評価として

子どもの学びの状況を把握するために，授業の前提となる実態把握（診断

的評価）を行う。この評価については引き継ぎの資料がある場合もあるので，その確認を行う。また，特定期間における授業の成果を把握するために，どの行動が変化し，どの行動が変化していないのかについて総括的な評価を行う場合もある。

⑴ まとまりおよび段階のセル（○，■，△，※）の記入

発達の程度に応じて，適切と考えられるチェックリストの欄（以下，「セル」）から開始する。

セルにある行動は「代表となる行動」であり，この行動が生起し観察されているのであればチェック欄の「□」を「○」に，著しく困難であれば「■」に，部分的に可能であれば「△」に変更する（図３－１）。この判断の詳細は次のものである。

○か△の基準は，７割程度の行動形成か否かとする。７割以上であれば○，７割未満で３割程度の行動が可であれば△とし，それ以下は■とする。△は芽生え的行動であり重要な指導の目標となる。

また，発声の困難さ，手指操作に困難さがあって，項目そのものが評価困難であり妥当でない場合は※とする。このように障害によって活動に制限がある際には，「声で働きかける」は「手で触る（聴覚障害）」「指さしする」は「視線で対象物を定位する（肢体不自由）」など，記載されている行動項目から想定される「代替となる行動」の項目を検討する必要が生じる。「代替となる行動」で達成の場合は○となる。

段階ごとのセルに各３個の代表となる行動の指標があることを基本としているので，「発達段階の意義」（以下，「段階意義」）を理解し，行動項目のみならず，その段階に含まれるであろう「類似する行動」を想定しながら，２個以上の項目が○であれば，そのセルは達成と判断する。

なお，代表となる行動やその段階に含まれると推測される「類似する行動」を評価の手がかりとするが，より重要なのはその段階意義を獲得しているか否かである。よって，記述されている行動について，段階意義を踏まえて検討することが大切になる。

可能な項目を確認しながら，すべての項目が不可となったら，達成となった最後のセルの段階をそのスコアとする。そのスコアに印を付け，線でつ

図３－１　学習到達度チェックリスト 2019

氏　名		
生年月日	年　　月　　日　生	男　　女

スコア	段階意義	聞くこと	話すこと	読むこと	書くこと
18	言葉の理解、意図の理解と共有、要求の明確化、数量概念の形成、対象・事象の関係づけ	□ 聞いて5個ぐらいの言葉がわかる	□ 自分の要求を伝えるために「あけて」など5語ぐらい使える	□ 大人が指さした方向を振り返って見る	□ 積木を3つ重ねる
		[illegible]	□ [illegible]的に指さ[illegible]	□ 欲しい物があると要求するように大人の顔を見る	□ 「ちょうだい」と言われたほうにボールをころがす
		[illegible]	□ [illegible]要求する	□ 他の子どものしぐさを見て真似をする	□ 紙を丸める
12	言語指示への応答、相互的なやりとりの拡大、発語、数量への対応、活動と結果のつながりの理解、[illegible]指の巧緻性、移[illegible]	[illegible]	□ [illegible]「ちょう[illegible]	□ 大人と一緒に絵本のページをめくって見る	□ 「ちょうだい」と言うと持っている物を渡す
		[illegible]	□ [illegible]「マン[illegible]	□ 大人が指さした方向を見る	□ 左右斜め等になぐり描きをする
		[illegible]	□ [illegible]で要求	□ 大人の視線を追って[illegible]物を見る	□ 親指と人差し指で物をつかむ
8	言葉への応答、物を介したやりとりの芽生え、音声や身振りによる働きかけ、数量への注目、活動と結果のつながりへの気づき、探索的操作、姿勢の保持・変換	□ 名前を呼ばれると振り返って[illegible]を見る	□ 視線や声、からだ[illegible]したりして、相手の[illegible]をひく	[illegible]	[illegible]
		□ 「ち[illegible]振りで、[illegible]うとする	□ 顔をそむけたり、[illegible]けたりして、いや[illegible]	[illegible]	[illegible]
		□ 「こっちだよ」と声をかけるとこちらを見る	□ 手を伸ばして、「[illegible]声を出して物を[illegible]る	[illegible]	[illegible]
6	[illegible]	[illegible]	□ すでに知っていることに[illegible]	□ おもちゃを口に持っていきながら見る	□ 目の前のおもちゃに手を伸ばしつかむ
		[illegible]	□ 大[illegible]に、「ア[illegible]声を出し対応[illegible]	□ 180度、見て物を追う	□ 握ら[illegible]等を振る
		[illegible]	□ 働きかけに表情を変えて対応する	□ おもちゃの車や転がるボールを目で追う	□ 顔にかけられたタオル等を取る
4	他者への注意と反応、発声、注意の持続、外界を志向した手指動作、頭部の操作	□ あやされると笑う	□ 名前を呼ばれると応じる	□ 親しい人に微笑むなど[illegible]	□ 手に触れた物をつかむ
		□ 声をかけられると表情で応じる	□ 「アー」「オー」「ウー」など声を出す	□ 母親[illegible]反応し見[illegible]	□ 抱っこしようとすると身構える
		□ 特定の声によく反応する	□ 親しい人やおもちゃなどに向かって、声を出す又は手を伸ばす	□ 画面などを見つづける	□ 親しい人へ手を伸ばす
2	外界の探索と注意の焦点化、自発運動	□ 音がすると動きを止める	□ 働きかけられると微笑む	□ 人の顔を3秒ほど見る	□ 腕や手足を動かす
		□ 音や声のするほうに顔の方向を変える	□ 手をわずかに動かす	□ 物を3秒ほど見る	□ 手が口に動く
		□ [illegible]	[illegible]泣く	□ おもちゃを差し出すとそ[illegible]	□ からだを伸ばす、そらす
1	外界の刺激や活動への遭遇、反射的反応	□ [illegible]	[illegible]	□ [illegible]	[illegible]
		□ [illegible]	[illegible]に、緊張し	□ [illegible]	[illegible]
スコア	段階意義	受け止め・対応	表現・要求	見ること	操作
			＊ は重複項目	国　語	

言葉への応答，物を介したやりとりの芽生え，音声や身振りによる働きかけ，数量への注目，活動と結果のつながりへの気づき，探索的操作，姿勢の保持・変換

□「ちょうだい」と言うと持っている物を渡す
□左右斜め等になぐり描きをする
□親指と人差し指で物をつかむ

○あやされると笑う
○声をかけられると表情で応じる
○特定の声によく反応する

外界の探索と注意の焦点化，自発運動

※人の顔を３秒ほど見る
※物を３秒ほど見る
※おもちゃを差し出すとそれを見る

◎本チェックリストは，ダウンロード可能（本書76ページ参照）。

実態把握年月日	1）　年　月　日（　歳　カ月　）評価者氏名（　　　　　）
	2）　年　月　日（　歳　カ月　）評価者氏名（　　　　　）

数と計算	量と測定	図　形
□ 提示された物（果物等）と同じ物を選ぶ	□ 「少し」と「たくさん」がわかる	□ 大・小の物をマッチングする
□ 「ひとつだけ」がわかる	□ ゆっくりや止まるなど大人の行動に合わせる	□ 物を重ねたり、積み上げたりする
□ 「外に行くよ」で、靴を履こうとする	□ 大人の援助で「全部入れる・出す」を行う	□ 見本と同じ形を選ぶ
□ 挨拶の後に食べるなど、順番に合わせて行動する	□ コップの飲み物が増えるに注目する	□ 積み木を2つ横に並べ
□ 2つの物で「こっちちょうだい」に応じる	□ 大きいほうのケーキを選ぶ	□ カップに玉を入れたり、出したりする
□ 2つのコップから隠したものを見つける	□ よく知っている歌やリズムのテンポの変化に表情を変える	□ はめ板で○を合わせようとする
□ 目の前で隠されたものを探す	□ 2つの物からお気に入りの物を選ぶ	□ 大人の援助でおもちゃをカップに入れたり出したりする
□ 「こっちとこっち」と物を示すとそれらを見る	□ ジュースがなくなったことがわかる	□ 物を別の物に乗せようとする
□ 遊びや歌が終わると、やってという行動を示す（要求する）	□ ふくらむ風船に注目する	□ お座りでからだの前や横の物をとろうとする
□ 手に持った物を口に持っていく、見る		
□ [illegible]		
□ ガラガラを叩く		
□ 物に手を伸ばす		
□ 持たせると物をもつ		
□ 目の前の物に焦点が合うと注[illegible]る		
□ 明るさや光の変化に驚く*		
□ 動かされることに驚く*		
□ 突然の音や光に、緊張して身構える*		
外界の知覚認知		
算　数		

※明るさや色の変化に驚く*
○動かされることに驚く*
○突然の音や光に，緊張して身構える*

生　活	運動・動作
□ 親の後追いをする	□ 1～2歩あるく
□ ほめられると繰り返す	□ 座った姿勢から立ちあがる
	□ [illegible]るぐると丸を書く
	□ [illegible]かまって立ったりしゃ[illegible]んだりする
	□ [illegible]つん這いやずり這いな[illegible]をする
□ おもちゃ等を取られると不快を示す	□ びんのふたなど、ふたをあける
□ 手さしや指さしをする	□ ひとりで座る
□ 両手で物を操作する	□ 物を持ちかえる
□ 他の人の物をほしがる	□ 腹這いで体を動かす
□ おかしなどを自分で食べる	□ 寝返りをする
□ コ[illegible]	□ [illegible]つかむ
□ 親しみと[illegible]た顔がわかる	□ 両手で物をつかむ
□ スプーンから物を飲む	□ 首がすわる
□ 人に微笑みかける	□ おもちゃをつかむ
□ あやされると声を出して笑う	□ 物を見て、そこに手を伸ばす
□ 顔に布などをかけら[illegible]と不快を示す	□ 腹這いで頭を動かす
	□ [illegible]か
□ 物や人の顔などを見る	□ 触れたら反応する
□ 音に動きを止める	□ 手に指を入れるとギュッと握る
生　活	運動・動作

■ひとりで座る
■物を持ちかえる
○腹這いで体を動かす

○スプーンから物を飲む
△人に微笑みかける
○あやされると声を出して笑う

なぐことでプロフィール（図3－1）とし，最終的に整理されたスコアを教科・まとまりごとに表3－1の「スコアと根拠となる行動シート」に書き込む。

場合によっては，達成となったセルに対して下のセルの特定の行動項目が可能とならない場合が生じることがある。さらには，達成となったセルに対して上のセルで可能な行動項目がある場合も生じる。なお，これらの行動項目については，それらの取り扱いが重要であり，その要因を慎重に検討する。

(2)「スコアと根拠となる行動」とは

── まとまりおよび段階におけるセルの行動項目の判断 ──

まとまりおよび段階のセルが達成か否かの決定にあたって，前提となるのが，その行動項目の判断である。この判断のために，「スコアと根拠となる行動シート」（表3－1）を活用する。セル内に示されている行動項目を手がかりに，観察された子どもの具体的な行動やその状況を「根拠となる行動」として記入する。どのスコアなのかを決定する際に，根拠となる行動を書き出すわけである。「どのような状況で，またはどう働きかけたら，このような行動は生起し，このような行動は難しい」について記述する。

表3－1　「スコアと根拠となる行動シート」

スコアと根拠となる行動シート　　年　　月　　日

氏名（　　　　　　　　　　）

教科	まとまり	スコア	スコアの根拠となる行動とは	段階意義
国語	聞くこと			
	話すこと			
	読むこと			
	書くこと			
算数	数と計算			
	量と測定			
	図形			
生活				―
運動・動作				―

◎本シートはダウンロード可能（本書76ページ参照）。

つまり，○または△と判断する際には，何らかの行動が観察されているわけであり，その行動を記入する。さらに，それらの行動がどの段階意義に該当するかも記入する。現状として習得または達成しているレベルであり，この後で目標を設定する際に，この段階意義を確認することが重要になる。子どもの実態把握に重要な情報は，スコアではなく，この根拠となる行動である。その子どもの発達の程度や障害の特性を反映した具体的な行動であり，学年や学部の引き継ぎにおいては貴重な情報になる。

(3)「すり合わせの協議」と「一致した適切な判断」

可能であれば複数の教員等で，チェックリストの項目についてそれぞれの判断を協議（すり合わせの協議：モデレーション）し，一致点をさぐることで評価を行う。学級担任であれば担任同士で，または学級担任と専門教員（例えば，自立活動担当教員）等の複数の関係者が，それぞれの判断を提示し協議をする。立場や視点が異なれば，異なる行動を取り上げることが当然であり，一致する点や一致しない点を明らかにする。原則的には一致した点で，スコアを決定する。この「一致した適切な判断」が，その後の目標設定や授業づくりの基礎となる。

この判断は客観的に正しいか否かも大切にはなるが，それよりも複数の教員で一致し共有することの方が，授業を進める際には重要になる。一致しない点については，お互いにその後の授業における行動観察や協議で確かめる。

3．適切な目標設定のために

表３－２の「目標のための手がかりとなる行動シート」を活用して，子どもの達成状況を踏まえて，次に目標となる行動の段階意義を選択し，具体的な目標をイメージすることにつながる行動項目について検討し記載する。

「目標のための手がかりとなる行動シート」を記入する前提として，「発達段階の意義の系統図（以下段階意義の系統図）」と「上への広がり」「横への広がり」について，理解しておくことが必要になる。

表3－2 「目標のための手がかりとなる行動シート」

目標のための手がかりとなる行動シート　　年　月　日

氏名（　　　　　　　　　　）

教科	まとまり	スコア	目標のための手がかりとなる行動	段階意義
国語	聞くこと			
	話すこと			
	読むこと			
	書くこと			
算数	数と計算			
	量と測定			
	図形			

スコアは，手がかりとなる行動のスコアを記入する。

◎本シートはダウンロード可能（本書76ページ参照）。

⑴ 段階意義の系統図について

図3－2に「段階意義の系統図」を示した。チェックリストは，段階ごとの行動項目の一覧であり，教科の視点で代表となる行動を項目として示している。それらは，各段階での代表的な行動であるが，それらの行動項目は発達的にすべてのものがどのようにつながるかは不確かである。

それに対して，段階意義の系統図は，それぞれの段階意義が発達的にどのように位置づき，つながるのか，どのように高まっていくのかを示した図である。そのつながりのまとまりは，「社会性・コミュニケーション行動」「物の理解と操作」，そして「身体の操作」である。「社会性・コミュニケーション行動」および「物の理解と操作」は，ともに「注意の制御」を発達的起源としていて，「社会性・コミュニケーション行動」には発語，言語理解，社会的行動の発達系統が，そして「物の理解と操作」には対象理解と微細運動の発達系統がそれぞれ含まれる。

そして，それぞれの内容に含まれる段階意義のつながりを，発達の段階ごとに示したものが「段階意義の系統図」である。発達が高まっていくということは，この段階意義の系統図を下から上昇していくことを意味する。

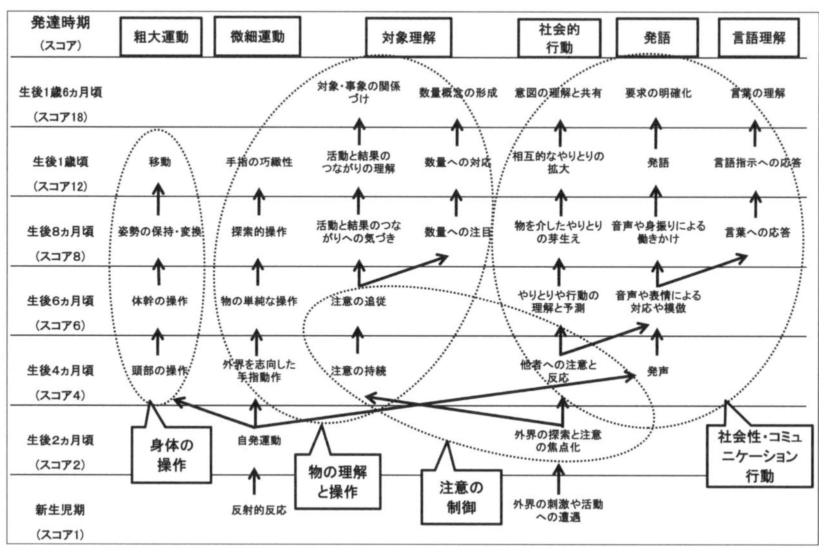

◎拡大図は54ページ参照。

図3－2　「段階意義の系統図　2019」

(2) 目標設定における「上への広がり」「横への広がり」

授業の目標は，適切な支援があれば実現される可能性の高い行動が選択されなければならない。そのために，基本的には1つ上の段階の行動項目，あるいは同じ段階の行動項目が目標の候補である。2つ上の段階に該当する行動を選択することはありえない。

この際に，1つ上の段階の行動を目標とする「上への広がり」を考える場合と，同じ段階の行動を目標とする「横への広がり」を重視する場合がある。

この選択をする際には，現在で達成している行動項目や段階意義の「確実さ」を手がかりとする。「上への広がり」を考えるのは，達成している段階の行動はおおむね可能であり，その段階意義の行動が獲得されていると判断する場合である。「横への広がり」を考えるのは，達成している段階の行動のいくつかが可能であり，その段階意義の行動をより確実にする必要がある場合である。

このように達成している段階の確実さを手がかりに，「上への広がり」とするか「横への広がり」とするかを選択する。

⑶「目標のための手がかりとなる行動シート」について

第１に，現在のスコアや可能な行動項目，さらに現在の段階意義を確認する。

第２に達成している段階の確実さを手がかりに，「上への広がり」あるいは「横への広がり」とするかを選択する。

第３に，目標設定の基礎になる段階意義について，段階意義の系統図を参照して，シートに書き出し，その段階意義に該当する行動項目を，チェックリストから選び出し，「手がかりとなる行動」として，書き写す。

このように，段階意義を踏まえて，「上への広がり」か「横への広がり」かを選択し，次の指導においてチャレンジの候補となる行動例を記載する。そして，その行動が，どのスコアに該当し，かつ段階意義が何であり，どの要素とつながりがあるのかを書き込む。

４．具体的な目標設定，指導内容・方法について

表３－３の「目標・指導内容・方法シート」を活用して，具体的な目標を設定する。次にチャレンジする段階意義を踏まえて，授業や指導場面を想定しながら，より具体的な目標設定と指導内容・方法を検討する。「目標のために手がかりとなる行動シート」の段階意義を踏まえて，その子どもの障害特性や指導場面，教材などを考慮して，その子どもの目標とする具体的な行動を記述し直す。

「横への広がり」を重視して目標設定する場合には，教師が働きかける様式（視覚，聴覚，触覚など）や子どもが表出する様式（表情，発声，手の動き）などを検討し，目標設定を工夫する。

繰り返しになるが，「目標のための手がかりとなる行動シート」（表３－２）で書き込んだ行動は，段階意義を検討するための行動例である。それゆえに，これがそのまま具体的な目標としての行動になるわけではない。段階意義を踏まえて具体的な授業場面を想定して，目標設定を行うわけである。そのためには，その行動の段階意義を確認することが重要になる。

次に，その目標を具体的に達成するために，どのような指導内容や方法を実施するのかを明らかにする。どの授業時間で意識して指導するのかを整理

表３－３　「目標・指導内容・方法シート」

目標・指導内容・方法シート　　　　　　　　　　　　年　　月　　日

氏名（　　　　　　　　　　　　　　　　）

教科	まとまり	具体的な目標	指導内容・方法
国語	聞くこと		
	話すこと		
	読むこと		
	書くこと		
算数	数と計算		
	量と測定		
	図形		

具体的な目標の行動の後に（　）でその段階意義を記入する。

◎本シートはダウンロード可能（本書76ページ参照）。

することも重要だが，ここでは目標を達成するためにどのような指導内容・方法とするのかを，「目標・指導内容・方法シート」（表３－３）に記入する。どのような状況で，どのように支援しつつ目標とする行動が生起することを期待するのかである。ここに記載されるのは，指導内容・方法の基本的なやりとり（フォーマット）のポイントである。実際の指導場面では，それを臨機応変に修正しつつ展開していくことになる。

これらの記載内容については，個別の指導計画の項目と重なる部分となり，個別の指導計画の項目を考慮しながら工夫していく。つまり，これらのシートは指導を考える１つのツールであり，いくつかのツールを組み合わせて，バランスのいい指導計画とすることが大切になる。

５．まとめ

ここでは，子どもの学びの状況を把握し，目標設定や指導内容・方法を選定し，授業づくりにつなげることを提案した。具体的には，チェックリストの行動項目を手がかりに，子どもの学習状況であるスコアを導き出し，段階意義を踏まえて，授業における次の目標設定を行うために，いくつかのシートの使い方を説明した。

授業づくりにおける「実態把握」「目標設定」「授業実践」「学習評価」は，日々の教育活動におけるマネジメント・サイクルであり，思考の流れである。教員がどこまで意識的に取り組むかはいろいろではあるが，すべての授業づくりにおいて，根底に横たわる作業の流れである。そして，教員であれば，すべての教員が当然のように行っている行為である。このチェックリストといくつかの作業シートは，その当然の行為をより意識的に行うためのものであり，事実としての行為の痕跡を残すツールにしか過ぎない。その意味では，教員が新たに取り組む行為ではなく，これまでの行為を整理するためのツールともいえる。

より重要なことは，スコアを導き出し，いくつかの作業シートに記入することで終わるのではなく，よりよい授業づくりにつなげることである。そして，子どもがバランスのいい“生きる力”を身につけることを支えることが大切になる。

（徳永　豊）

第４章　学習到達度チェックリストの活用

Sスケールおよび「学習到達度チェックリスト」(以下,「チェックリスト」)の考え方を特別支援学校の教員とともに確認しながら，特別支援学校において試行的な活用を積み重ねている（文献６，９)。

最初は担当している子どもの実態把握のツールの１つとして，チェックリストでスコアを把握するところから始めた。実際に活用するなかで，使いにくい点を手がかりにチェックリストを改良してきた。また，チェックリストの項目が次の目標設定に役に立つのか，どのようにして教師間で共有するのか，教師間で判断が異なる場合の対応などを検討してきた。

このような取り組みを５年，６年と継続していると，子どもの実態把握の情報が積み上げられてきた。ここでは，このような実践の中から，特別支援学校（肢体不自由）における事例と特別支援学校（知的障害）における事例等を取り上げて，活用の実際について紹介する。

なお，チェックリストや作業シートについては，旧バージョンのものを使用し，細かな点で記載内容に違いがある場合もある。

１．障害が重度な子どものSスケールの活用例

特別支援学校の重複学級に在籍する児童生徒は，障害特性が多様な実態にあり，授業における教師の抱く課題や悩みが多岐にわたる。具体的には，何を教えたらよいか，どのような授業をしたらよいか，この目標設定でよいのか，などがある。特に，初任教員や若手教員，肢体不自由教育の経験が浅い教員などは，各教科の指導を考えるときに，これらの悩みを経験することが多い。

そこで，重度・重複障害のある子どもの「学びの状況」を教科の視点で把

握し，適切な目標設定をすることを目指し，かつ指導の方向性を定め，指導の説明ができるためのツールとしてSスケールを活用した教育実践を紹介する。

(1) Sスケールの活用

特別支援学校では，個々の児童生徒の実態を踏まえて，一人ひとりの指導目標を記入する「個別の指導計画」が作成されている。その計画には，保護者や本人の願いに加えて，各教科等の目標や指導内容などが示されている。ここでは，実際にSスケールを活用して，子どもの「学びの状況」を把握し，その結果（評価）から個別の指導計画で設定した目標等を見直して，実際の教科の指導に取り組んだ事例を取りあげる。

まず，授業実践までの簡単な流れを図４－１に示した。

(2) 子どもの実態を把握する

A児の学級担任や自立活動担当，学習支援員などでチェックリストにある各セルの行動項目を手がかりにA児の行動について検討した。教員間で話合い，各行動項目を吟味し，行動を達成しているかについて，○（達成），△（芽生え），■（難しい）のようにチェックした（表４－１）。実際には，A児の場合は，聞くこと（受け止め・対応）はスコア４，話すこと（表現・要求）はスコア２，読むこと（見ること）はスコア４，書くこと（操作）はスコア２などであった。実態把握の結果を表４－２の「学習到達度スコア」にまとめた。

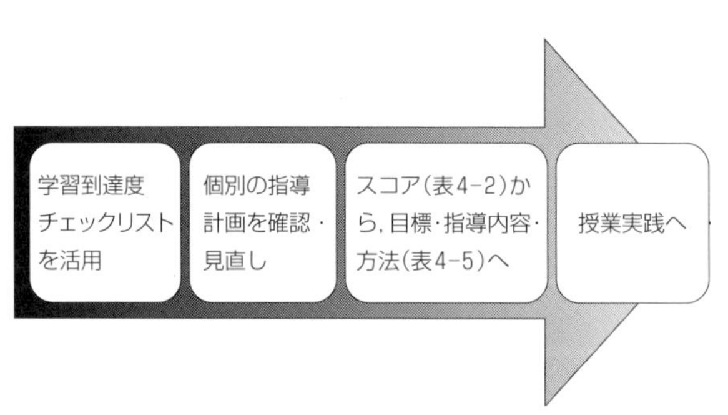

図４－１　授業実践までの流れ

個別の指導計画でのA児の実態は，主に１）～４）であった。

１）運動・動作面は，介助があれば座位姿勢を保持できるが，身体の反り返りや上下肢を伸展・内旋す

表4－1　チェックリストの結果（チェックリストの一部，「段階意義」を省略）

6	△「1，2の3」で，3の前に期待する表情をする △「いけません」などの声で動きがとまるか，表情が変わる ■アーなど簡単な音であれば真似する	△すでに知っていることに期待して要求する △大人の真似をして，アーウーと声を出す △顔の表情を真似する	■おもちゃを口に持っていきながら見る ■180度，見てものを追う △おもちゃの車や転がるボールを目で追う	■ほしい物に手を伸ばす ■握らせるとガラガラ等を振る ※顔にかけられたタオル等を取る	■くすぐられる直前で笑顔になる ■「いないいない」で「ばあ」を期待する ■2つ物を見比べて，ひとつを取る
4	○あやされると笑う △声をかけられると表情で応じる ○特定の声によく反応する	○名前を呼ばれると応じる △アー，オー，ウーなど声を出す △親しい人やおもちゃなどに向かって，声を出す又は手を伸ばす	△親しい人に微笑むなど持続的に注意を集中し見る ■母親や身近な人を見て，手を伸ばす ○自分の手を見つめる	△手に触れた物をつかむ △さわられると緊張するが，予告をすると緊張しない ■親しい人へ手を伸ばす	△動く人を追視する △くすぐられると笑顔になる ■触られると押し返す
2	○音がすると動きを止める △音や声のするほうに顔の方向を変える △声を聞いて動きを止める	○声を出して笑う ○手をわずかに動かす ■むずかるように泣く	○人の顔を3秒ほどじっと見る △物を3秒ほど見る ○おもちゃを差し出すとそれを見る	○腕や手足を動かす △手が口に動く ○からだをそらす	△音や動き，光に注意を向ける △音や光の変化で，行動が止まる ○目の前の物に焦点が合うと注視をする
1	△大きな音にびっくりする ○人の声で表情が変わる	○声を出して泣く ○突然の光や音に，緊張して身構える*	○外に出るとまぶしそうに目を閉じる ○明るさや色の変化に驚く*	○動かされることに驚く* ○急に抱きかかえられると身構える	○明るさや色の変化に驚く* ○動かされることに驚く* ○突然の音や光に，緊張して身構える*
スコア	受け止め・対応	表現・要求	見ること	操作	外界の知覚認知
	*は重複項目	国語			算数

（旧バージョンのチェックリストを使用）

4章

る緊張が強い状況であった。

2）コミュニケーション面では，名前を呼ばれると気づく（聞くこと：スコア4相当），相手を見ること（読むこと：スコア4相当）がみられた。

3）身近な人（担任や母親等）の働きかけで，表情や口を動かして，声を出すことがある（話すこと：スコア2相当）。

4）身振りや音声模倣はないが，「アー，ウー」などの発声をしたり（話すこと：スコア2相当），親しい人の声と他者の声を聞き分けたりすること（聞くこと：スコア4相当）ができた。

チェックリストを活用して行動項目を把握した結果，個別の指導計画にある実態把握に照らし合わせると同じような実態の状況であった。しかし，個別

表4－2　スコア表

教科	まとまり		スコア
国語	聞くこと（受け止め・対応）		4
	話すこと（表現・要求）		2
	読むこと（見ること）		4
	書くこと（操作）		2
算数	数と計算	外界の知覚	2
	量と測定		
	図　形		
生活	生活		2
体育	運動・動作		2

の指導計画にある実態から，目標設定をする段階で，次の具体的な子どもの姿を描くことが難しい場合がある。それは，子どもの発達段階や教科の視点などを考慮して，一人ひとりの実態に応じた適切な目標を設定するための手続が曖昧だからである。

それに対して，チェックリストは発達段階の意義（以下，「段階意義」）を踏まえているため，スコアにある段階意義の内容を捉え目標設定につなげることが可能となる。それゆえ，次の指導目標を適切に導き出すことができた。具体的には，まず，子どもの今の状態を把握し，段階意義の系統を確認する。そして，目標とする段階意義に照らし合わせて，各セルにある段階的な行動項目を手がかりに，目標を設定するという流れであった。ここではその手続を踏まえて，経過をまとめた。

(3) 根拠となる行動について

表４－３「スコアと根拠となる行動シート」では，チェックリストによる実態把握として○や△，■などと判断をした行動項目を手がかりに，学校生活全体の中で観察された具体的な行動，さらにその段階意義を記入した。

表４－３　スコアと根拠となる行動シート

教科	まとまり	スコア	根拠となる行動	段階意義
国語	聞くこと	4	特定の保護者や担任などに声をかけられると，視線を合わせて口をあけることがある。	他者への注意と反応
	話すこと	2	他者の働きかけで，手や足を動かすことがある。また，声を出すこともある。	外界の探索と注意の焦点化
	読むこと	4	座位姿勢（介助）で，自分の手を見たり，物を見たりする。	注意の持続
	書くこと	2	座位姿勢（介助）で，手を動かして，口元へ動かそうとする。	自発運動
算数	数と計算 量と測定 図形	2	目の前に物を提示すると，注視をする。音に気付き，表情を変える。	外界の探索と注意の焦点化
生活		2	仰臥位の姿勢で，ゆったりしていると，ひとり笑いをすることがある。	—
運動・動作		2	仰臥位で手や足，身体を反り返ることがある。	—

Ａ児の行動や様子から，「国語：聞くこと」では，特定の保護者や担任などに声をかけられると，視線を合わせて口をあけることがあり，段階意義では，「他者への注意と反応」であると考えた。また，「国語：書くこと」では，仰臥位や座位姿勢（介助あり）で，手を動かして，口元へ動かそうとする行動がみられ，段階意義では「自発運動」であると考えた。「算数」では，目の前に物を提示すると，注視したり，音に気付き，表情を変えたりする様子がみられ，段階意義では，「外界の探索と注意の焦点化」であると考えた。このことから，表４－３「スコアと根拠となる行動シート」にこれらのことを記入した。

この「根拠となる行動」を記入する利点は，関係者の共通理解を促す点である。子どもの実態把握から，その行動項目を手がかりに，学級担任や専門教員（自立活動担当）等の複数の教員で話し合う中で，具体的な行動を確認したり，共通理解したりすることができた。つまり，チェックリストにある行動項目から，具体的な子どもの様子を多角的に捉えることができた。これらの協議で一致する点を現時点での「学びの状況」の評価と位置づけた。

⑷「目標のための手がかりとなる行動シート」について

ここでは，達成している行動項目を踏まえ，次の目標を設定するために，「目標のための手がかりとなる行動」をチェックリストの行動項目から選択した（表４－４）。この際に，チェックリスト（表４－１）の達成しているセルのスコアの１つ上の目標にする「上への広がり」か，達成しているセルにあってより確かな行動の形成に重点的に取り組む「横への広がり」とするか，複数の関係教員で検討した。また，表４－３「スコアと根拠となる行動シート」の段階意義を確認して，目標となる段階意義について，段階意義の系統図（図５－１；54ページ）を参照しながら行動項目を選択し，段階意義を確認し記入した。そして，それを踏まえて，チェックリストから手がかりとなる行動項目を選択し記入した。

Ａ児の場合は，現状の力をより確実に積み上げることを視点に「上への広がり」を重視して目標設定をした（表４－４）。「国語：聞くこと」では，スコア６の「『１，２の３』で，３の前に期待する表情をする」を手がかりとなる行動として選択した。また「国語：話すこと」では，スコア４の「名前を呼ばれると応じる」ことや，「国語：書くこと」では，スコア４の「手に触れた物をつかむ」，スコア２「腕や手足を動かす」ことを手がかりとなる行動として選択した。

⑸「目標・指導内容・方法シート」について

チェックリストで実態を把握し，「スコアと根拠となる行動シート」（A児の具体的な行動を記入），「目標のための手がかりとなる行動シート」を作成すると，今度は「目標・指導内容・方法シート」（表４－５）を作成した。

A児の実態把握の段階意義は，スコア２が「外界の探索と注意の焦点化」「自発運動」であり，スコア４は「他者への注意と反応」「注意の持続」などであった。そこで，A児の目標を，他者とのやりとりを前提とする二項関係（子ども—大人）を中心とした活動で達成できる目標にした。スコア４の段階意義「外界を志向した手指動作」や，スコア６の段階意義「やりとりや行動の理解と予測」などを取りあげ，物を介して他者とのかかわりを高めることをねらいとした。

A児の具体的な指導目標として，「朝の会」や「個別学習」における「言葉かけや物の提示などからやりとりを予測して，表情や発声などで活動を期待する」「視線を合わせたり，発声したりする」などを設定した。また，現状の力を確かなものにする目標として，「物を見たり，注視したりする」「具

表４－４　目標のための手がかりとなる行動シート

教科	まとまり	スコア	目標のための手がかりとなる行動	段階意義
国語	聞くこと	6	「1，2の3」で，3の前に期待する表情をする	やりとりや行動の理解と予測
	話すこと	4	名前を呼ばれると応じる	他者への注意と反応
	読むこと	4・2	親しい人に微笑むなど持続的に注意を集中し見る 物を３秒ほど見る	他者への注意と反応 外界の探索と注意の焦点化
	書くこと	4・2	手に触れた物をつかむ 腕や手足を動かす	外界を志向した手指動作・自発運動
算数	数と計算	2	音や動き，光に視線・注意を向ける 目の前の物に焦点が合うと注視をする	外界の探索と注意の焦点化
	量と測定			
	図形			

スコアは，手がかりとなる行動のスコアを記入する。

体物を押したり，引いたりする」を設定した。この具体的な目標を達成するために，指導内容や方法，手だてなどを，「目標・指導内容・方法シート」（表４－５）に記入した。

(6) 学習到達度チェックリストでの評価

各教科を合わせた指導である「朝の会」や教科の「個別の学習」における指導，さらには「自立活動」における運動・動作の指導を４～６月と積み重ねた。図４－２にこれらの実践についてチェックリストで確認した子どもの行動変化を示した。「書くこと」や「運動・動作」の変化は示されていないが，それ以外のまとまりにおいては伸びが示されている。

表４－５　目標・指導内容・方法シート

教科	まとまり	具体的な目標	指導内容・方法	手だて
国語	聞くこと	言葉かけや物の提示などからやりとりを予測して，表情や発声などで活動を期待することができる（やりとりや行動の理解と予測）。	【朝の会】 ・呼名をする。 ・音声と写真カードに気づく。 【からだづくり】 ・身体各部位を教師と一緒に動かす。 ・表情や身体の動き等で表現する。	・子どもと向かい合い，視野内から声をかけたり，物を提示したりする。視線より低くし，物を注視できる距離をとる。 ・視野内に具体物等を提示してから５秒程度待ち，動きや反応を引き出す。また，反応や動きがあったら，即時応答を心がける。
	話すこと	視線を合わせたり，発声をしたりする（他者への注意と反応）。		
	読むこと	提示した物を見たり，注視をしたりする（外界の探索と注意の焦点化）。	【朝の会・個別学習】 ・具体物や写真・絵カードを見る。	・期待感がもてるように，音を出したり，ゆっくりと提示したりする。
	書くこと	手を使って，具体物を押したり，引いたりする（外界を志向した手指動作）。	【個別学習・朝の会】 ・物を握る，離す。 ・物を押す，引く。	・正面視野内から具体物を提示し，手の動きを待つ。少しの動きで事象が変化し，わかるようにする。
算数	数と計算	自分の手を動かし，物の音や動きなどに気づく。見える範囲の物を注視，追視する（外界の探索と注意の焦点化）。	【自立活動】 ・目と手の協応。 ・木琴やキーボードなど音や光の出る楽器を操作する。	・積み木やスイッチなど視野内にゆっくりと提示し，注視できるようにする。また，手の動きがでるような姿勢や肘を援助する。
	量と測定			
	図形			

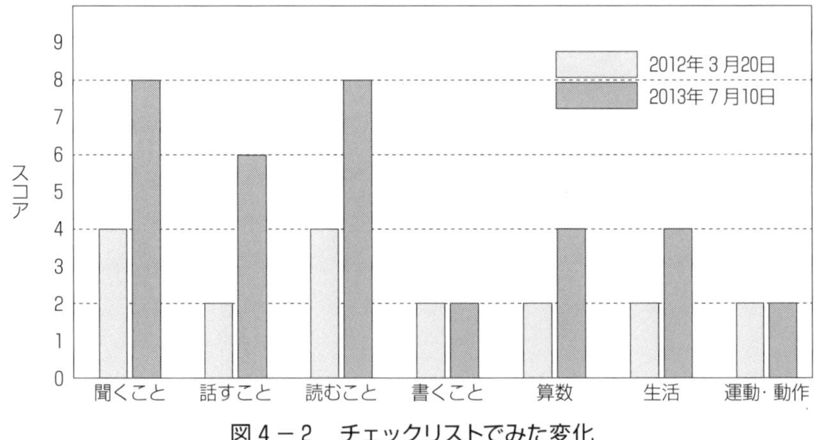

図４－２　チェックリストでみた変化

これらの実践を通して，A児は一緒に身体を動かす等のやりとりや対人相互交渉において，また具体物等を介した初期の三項関係において，他者の音声と行為（働きかけ）を手がかりに，「やりとりや行動の理解と予測」さらには「物を介したやりとり」が増え，「活動と結果のつながりへの気づき」の段階へ発達したと考えられる。他者とのかかわりを通して，視野内における対象への注意やそのやりとりを重ねる過程を通して，「相互的なやりとり」等のコミュニケーション力や対象物の理解などが向上してきたことが示された。

障害のある子どもの授業づくりにおいて，子どもの発達段階や生活年齢に応じた視点が重要である。そのための１つの有効な方法として，Sスケールの活用がある。

今回，Sスケールを活用して子どもの現状を把握し，具体的な目標設定を導くために作業シートの「根拠となる行動」から「手がかりとなる行動」「目標・指導内容・方法」の各シートへと，ステップを踏み，具体的な行動目標を記述することで「説明できる授業」につなげることができた。また，チェックリストの行動項目を手がかりに，段階意義を振り返り，再度，目標を検討することで，授業を改善する視点にもなった。

チェックリストや作業シート等を活用しながら，学級担任と連携して目標設定の見直し，学習目標や手だて，継続的な評価などを改善することで，子どもの「連続性のある学び」となる授業実践を進めることができる。また，このSスケールは，授業計画や授業改善だけでなく，個別の指導計画や通知表等へ生かすための学習の足跡である「学習の履歴」の資料としても不可欠なものになると考えられる。

（古山　勝）

2．知的障害がある子どものSスケールの活用例

特別支援学校（知的障害）小学部２年の女子（以下，「B児」）は，発語がなく生活全般にわたって支援が必要であった。些細なことで緊張し，身構えてしまい，リラックスするのが難しい場面が多かった。また不器用なところがあり，転倒しないようにする等に配慮が必要であった。特定の友達が気になり後を追うようなことがあった。言語理解では，簡単な指示がわかっているようにみえるものの，周囲の子どもの行動を見て判断している部分が大きいようであった。要求行動としては，教師に対して手を叩いてほしいときは，教師の手首を握る等をした。友達や教諭の髪を引っ張り，離さないといった行動上の問題もみられた。

このような知的障害のあるB児の実態把握，目標設定について，Sスケールを活用し，その経過についてまとめた。

(1) 学習到達度チェックリストによる実態把握

学習到達度チェックリスト（以下，「チェックリスト」）での実態把握では，まず，チェックリストの項目ごとに行動の状況を確認した。

1）根拠となる行動について

チェックリストの項目は代表的な行動であることから，チェックをする際に「根拠となる行動」を記載するようにした（表４－６）。判断が難しいときは，スコアの段階意義に立ち戻り，それと照らし合わせて「できる」か「できないか」，「部分的にできるのか」を判断した。表４－６は，「聞くこと」のチェックの状況，根拠となる行動と段階意義である。

例えば，「聞くこと」のスコア12である「自分の名前を呼ばれると，返事をする」では，「『〇〇ちゃん』と言いながら手を差し出すと手をつかむ」ことを根拠となる行動とした。B児は，呼名のみでは手を挙げること（発声がないためのサインによる返事）はできないが，その代わりの手段として，手を差し出すことができた。そこで，働きかけに反応をしていることを返事とみなし，支援のある状態で「できた」とした。このため，「部分的にできる」

表4－6　国語（聞くこと）における対象児の チェックリストの項目と根拠となる行動

<table>
<tr><th></th><th></th><th>チェックリストの項目</th><th>根拠となる行動</th><th>対象となる段階意義</th></tr>
<tr><td rowspan="3">12</td><td rowspan="3">言語指示への応答，相互的なやりとりの拡大，発語，活動と結果のつながりの理解，数量への対応，手指の巧緻性，移動</td><td>■簡単なことばを聞いて真似する</td><td></td><td></td></tr>
<tr><td>△自分の名前を呼ばれると，返事をする</td><td>・「○○ちゃん」と言いながら手を差し出すと手をつかむ。</td><td>言語指示への応答
相互的なやりとりの拡大</td></tr>
<tr><td>■言葉による簡単な要求に答える</td><td></td><td></td></tr>
<tr><td rowspan="3">8</td><td rowspan="3">言葉への応答，物を介したやりとりの芽生え，音声や身振りによる働きかけ，活動と結果のつながりへの気づき，数量への注目，探索的操作，姿勢の保持・変換</td><td>■名前を呼ばれると振り返ってこちらを見る</td><td>・後ろを向いて移動中に声をかけても体を制止するまで動いていく。</td><td></td></tr>
<tr><td>■「ちょうだい」で物を差し出そうとする</td><td>・手を差し出すと物を握りしめ手離すことが難しい。</td><td></td></tr>
<tr><td>■「こっちだよ」と声をかけるとこちらを見る</td><td></td><td></td></tr>
<tr><td rowspan="3">6</td><td rowspan="3">やりとりや行動の理解と予測，音声や表情による対応や模倣，注意の追従，物の単純な操作，体幹の操作</td><td>○「1，2の3」で，3の前に期待する表情をする</td><td>・トランポリンを一緒に飛ぶときに「1，2，の3」で飛ぶと「3」のときに，にこっとする。</td><td>やりとりや行動の理解と予測</td></tr>
<tr><td>■「いけません」などの声で，動きがとまるか，表情が変わる</td><td></td><td></td></tr>
<tr><td>△アーなど簡単な音であれば真似するような行動をする</td><td></td><td></td></tr>
<tr><td>4</td><td>他者への注意と反応，発声，注意の持続，外界を志向した手指動作，頭部の操作</td><td>○あやされると笑う
○声をかけられると表情で応じる
○特定の声によく反応する</td><td>・母親が迎えに来たときに母親が声をかけるととても笑顔になる。</td><td>他者への注意と反応，発声</td></tr>
<tr><td>2</td><td>外界の探索と注意の焦点化，自発運動</td><td>○音がすると動きを止める
○音や声のするほうに顔の方向を変える
○声を聞いて動きを止める</td><td></td><td></td></tr>
<tr><td>1</td><td>外界の刺激や活動への遭遇，反射的反応</td><td>○大きな音にびっくりする
○静かな中で音がすると表情を変える</td><td></td><td>反射的反応</td></tr>
<tr><td>スコア</td><td>段階意義</td><td>聞くこと</td><td></td><td></td></tr>
</table>

となった。さらに，スコア１，２，４はすべてクリアできていた。スコア６では１つの項目が「できる」であった。しかし，同じスコア６の「アーなど簡単な音であれば真似するような行動をする」は「部分的にできる」であった。この点は，スコア12の「部分的にできる」の内容と比較して，それらの段階意義に立ち戻ったときに，Ｂ児が落ち着いた状況下では「言葉への応答」の芽生えがみられており，スコア６の段階意義「やりとりや行動の理解と予測」は「できる」と判断した。そのため，評価段階としてはスコア６とした。

まとまりごとに，このような検討を行い，表４－７の「スコアと根拠となる行動シート」を作成した。

２）「スコアと根拠となる行動シート」について

表４－７にＢ児の「スコアと根拠となる行動シート」を示した。スコア６からスコア12であった。図４－３にＢ児のチェックリストの結果を示した。

Ｂ児は複数のまとまりでスコアが12であり，スコア12の段階意義に照らし合わせると，「相互的なやりとりの拡大」「活動と結果のつながりの理解」等である。しかし，生活や運動・動作のスコア18に比べて相対的に国語や算数の力が弱いことが示された。特に，国語の中で，「聞くこと」がスコア６であり，コミュニケーションの広がりの前段階とされる「大人を意識して，やりとりに注意を維持する」といった力の弱いことが示された。スコア６の段階意義は，「やりとりや行動の理解と予測」等であり，支援されながらの大人と共同しつつ行動する段階である。

Ｂ児は，他者とのやりとりからの情報よりも視覚からの状況理解の力が高く，他者からの働きかけによる行動のコントロールが難しい。そのことが行動上の問題につながっているのではないかと推測された。「話すこと」については，「音声や身振りによる働きかけ」ができており，スコア８とした。

⑵「目標のための手がかりとなる行動シート」について

「スコアと根拠となる行動シート」（表４－７）の段階意義を踏まえて，授業における目標を検討するために，表４－８の「目標のための手がかりとなる行動シート」を記入した。各まとまりにおいて「上への広がり」とするか，または「横への広がり」するかを検討した。

表４－７　スコアと根拠となる行動シート

年　　月　　日

氏　名　　　　　　　B　（7歳　4カ月　　自閉　　　　　　　）

教科	まとまり	スコア	スコアの根拠となる行動とは	段階意義
国語	聞くこと	6	・トランポリンを一緒に飛ぶときに「1，2，の3」で飛ぶと「3」のときに，にこっとする。	やりとりや行動の理解と予測
	話すこと	8	・拒否をしたり怒ったりすると相手の髪を力いっぱい引っ張る。 ・「マ」「バ」等の発声がある。	音声や身振りによる働きかけ
	読むこと	12	・たまに周囲が拍手をしているのを見て自分も拍手をする。 ・教師と一緒に絵本をめくろうとする，めくる。	相互的なやりとりの拡大
	書くこと	8	・おもちゃ等を目の前に提示すると，手を伸ばして握り，取る。	物を介したやりとりの芽生え
算数	数と計算	12	・手を叩くのをやめると，もう一度叩くように教師の手首を握ってあわせようとする。	相互的なやりとりの拡大
	量と測定	12	・好きな音楽が流れると体を左右に揺らしてリズムをとろうとする。	活動と結果のつながりの理解
	図形	12	・カップに球を出したり入れたりする。	手指の巧緻性

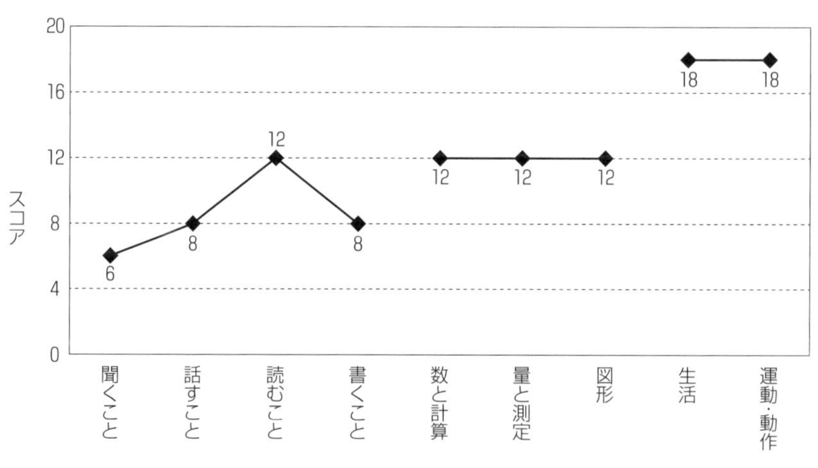

図４－３　B児のチェックリストの結果

表4－8　目標のための手がかりとなる行動シート

年　　月　　日

氏　名　（　　　　　　B 児　　　　　　）

まとまり	スコア	手がかりとなる行動	段階意義
聞くこと	8	名前を呼ばれると振り返ってこちらを見る 「こっちだよ」と声をかけるとこちらを見る	言葉への応答
話すこと	12	欲しい物を指さしで要求する	相互的なやりとりの拡大
読むこと	18	他の子どものしぐさを見て真似をする	意図の理解と共有
書くこと	12	「ちょうだい」と言うと持っている物を渡す	意図の理解と共有
数と計算	12	挨拶の後に食べるなど，順番に合わせて行動する	活動と結果のつながりの理解
量と測定	18	ゆっくりや止まるなど大人の行動に合わせる	数量概念の形成
図形	18	物を重ねたり，積み上げたりする	対象・事象の関係づけ

スコアの欄には，目標設定しようとするスコアを記入する。

「聞くこと」「話すこと」「読むこと」「書くこと」「量と測定」「図形」については，「上への広がり」とし，「数と計算」については「横への広がり」とした。授業でねらう段階意義を表４－８に記入し，それに該当する行動項目を，「手がかりとなる行動」の欄にコピーペーストした。

例えば，国語の「聞くこと」については，「やりとりや行動の理解と予測」は可能と判断したので，その上の「言葉への応答」を授業で目指す段階意義とした。手がかりとなる行動としては，「名前を呼ばれると振り返ってこちらを見る」等を記入した。

⑶ 目標設定について

そこで，B児の得意な身体の動きを通して，パターンのある活動を繰り返し，やりとりの予測をもたせながら，国語の力を育むこととした。スコアを出した根拠となる行動を踏まえて，「手がかりとなる行動」を参考にして，「目標となる行動」を考えた（表４－９）。

⑷ 授業づくりとその展開について

筆者とB児は，週に３回の「個別学習の時間」を設定することができた。教育課程としては，各教科等を合わせた指導である「国語・算数」であった。

表4－9　手がかりとなる行動と目標とした行動

教科	まとまり	スコア	手がかりとなる行動	目標となる行動
国語	聞くこと	8	名前を呼ばれると振り返ってこちらを見る 「こっちだよ」と声をかけるとこちらを見る	□「ちょうだい」で持っている物を離す □「○○ちゃん」と名前を呼びながら手を差し出すとタッチをする
	話すこと	12	欲しい物を指さしで要求する	□指さしやカードを使って，要求を伝えることができる □「もう1回」のサインで要求ができる
	読むこと	18	他の子どものしぐさを見て真似をする	□簡単な動作模倣ができる
	書くこと	12	「ちょうだい」と言うと持っている物を渡す	□「ちょうだい」と言うと持っているものを離す
算数	数と計算	12	挨拶の後に食べるなど，順番に合わせて行動する	□「もう1回」のサインができる □学習の流れがわかる
	量と測定	18	ゆっくりや止まるなど大人の行動に合わせる	□教師が10数える間，身を任せて力を抜くことができる
	図形	18	物を重ねたり，積み上げたりする	□物を入れたり，重ねたりする

1）授業概要

まず，日常生活の中ではゆっくりと関わることが難しいもの，1対1でないと指導できないもの，日常生活の中で応用できる活動をチェックリストの行動を手がかりに設定した。そして，B児の実態から，繰り返して学習を行うこと，支援者への働きかけに対して応答が単純であること，段階的な支援を用い一貫していること等に配慮して，授業を展開することにした。

「手がかりとなる行動」を踏まえて，表4－10に示すように，B児の具体的な「目標」および（　）内に段階意義を記入した。さらに，「具体的な指導の手だて」を考え，記入した。

2）授業の展開

場の設定や授業の流れを踏まえて具体的な指導の手だてを考えた。1時間の学習の課題と学習の流れは表4－11に示すものであった。

3）指導の評価とチェックリストの結果

課題学習に取り組み始めて，半年後に実施したチェックリストの結果が，

表４－10　目標と具体的な手だて

	まとまり	目標	具体的な指導の手だて
国語	聞くこと	・「ちょうだい」と言われてものを差し出す（言葉への応答） ・「○○ちゃん」と名前を呼びながら手を差し出すとタッチをする（言葉への応答）	・好きな遊びの繰り返しの中で，タッチをして要求することを学ぶ ・モデル提示，身体ガイダンス，時間遅延法 ・靴を脱ぐときの指導 ・カードと交換の学習 ・挨拶時に名前を呼ぶ
	話すこと	・「もう１回」のサインをする（相互的なやりとりの拡大） ・カードで好きなものを選ぶ（相互的なやりとりの拡大）	・タッチによる遊び要求 ・カードを使った遊び選択
	読むこと	・動作を模倣する（意図の理解と共有）	・遊びの中で動作模倣を誘導する
	書くこと	・「ちょうだい」と言われてものを差し出す（相互的なやりとりの拡大）	・手を離す　　・物を渡す ・簡単なサインを出す
算数	数と計算	・学習の流れがわかる（活動と結果のつながりへの理解）	・学習の流れを統一し，場所も，床，机，階段と見通しを持ちやすくする
	量と測定	・教師が10数える間，身を任せて力を抜くことができる（数量概念の形成）	・動きを止めるときに10数えるようにする
	図形	・穴の中に物を入れることができる（対象・事象の関係づけ）	・穴の中にボールやレゴを入れる

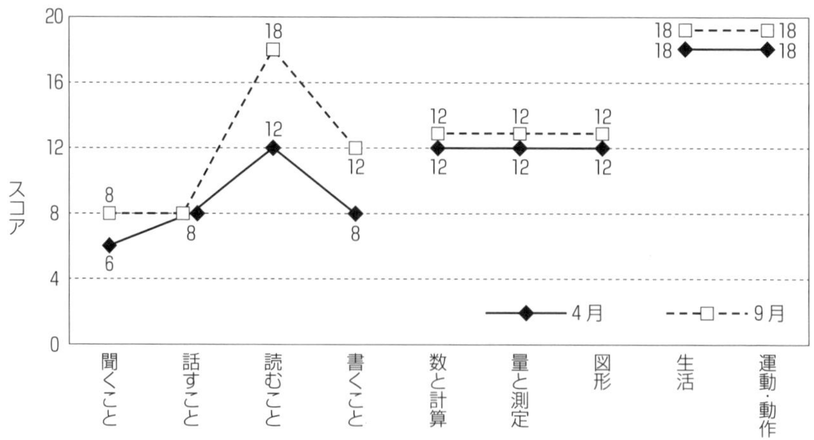

図４－４　Ｂ児のチェックリストの変化〈その１〉

表４－11　Ｂ児との1時間の学習内容とねらい

課　題	対応する チェックリストの項目	ねらい
上靴の着脱　【各左右１回】	生活 国語（聞くこと）	・上靴を１人で脱ぐことができる ・上靴を差し出された手に渡すことができる
課題１　動作模倣　【10回】	国語（見ること） 国語（話すこと）	・教師の動作を模倣する ・「もう１回」のサインができる
課題２　腰の緩め（ねこちゃん）　【10回】	運動・動作 算数（量と測定）	・力を抜くことができる ・10数える間待つことができる
課題３　上体そらし（背筋の緩め）　【10回】	運動・動作 算数（量と測定）	・相手を意識して力を抜くことができる
課題４　膝立ち　【５回】	運動・動作	・バランスをとって５秒間膝立ちができる
課題５　シーソー（リラックス）　【10回】	運動・動作 国語（話すこと） 算数（量と測定）	・10秒間力を抜いて待つことができる ・「もう１回」のサインができる
課題６　テニスボール，レゴ入れ　【各５回】	国語（見ること） 運動・動作 算数（図形）	・容器の穴を確認して，ものを入れることができる
課題７　遊びの選択【10回】	国語（話すこと） 国語（見ること）	・カードの中から好きなものを要求できる
課題８　階段　【昇降２回】	運動・動作	・手摺りを使わずに交互に足を運んで階段を昇ることできる

図４－４である。

課題１では，好きな歌を歌った後に頭に手をやる動作の模倣を行ったが，歌の後に動作を真似ることができるようになった。また，「もう１回する？」と聞きながら手を差し出すとタッチをして，要求を表現できるようになった。要求のサインは課題５のシーソーでも行った。サインが定着できたころに，「もう１回する？」と聞きながらも筆者が手を差し出さないようにすると，筆者の手をとってタッチをする様子がみられた。学習の流れ上，課題６からは机上の学習であった。学習を重ねる中で，自分で机の前に座りに行ったり，座って待ったりするような行動がみられた。課題７では，最初に選んだカードを手放さないことが続いたが，実物を提示することで実物へ手を伸ばし，選んだカードを離すことができた。繰り返す中で，カードを「離す」ことで要求したものを受け取ることができることがわかり，カードを手から離して筆者に渡すことを覚えた（図４－５）。

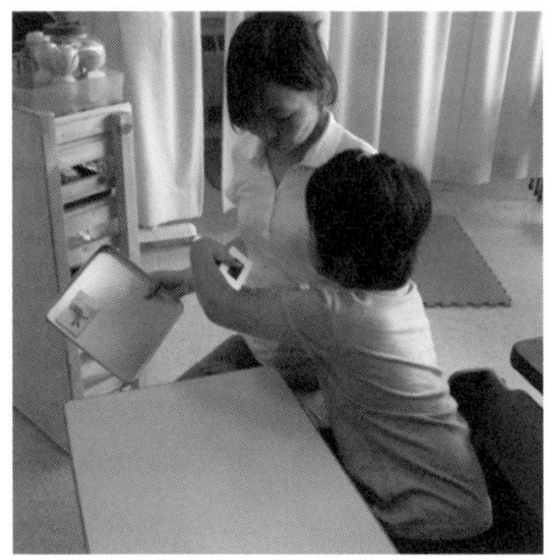

図４－５　課題７で「カードを渡すからおもちゃをちょうだい」

サインの出し方や今の課題から次の課題への切りかえ時の様子からも，予測をもって学習に取り組むことができるようになった。身体を使ってのコミュニケーションやサインの学習の中で，見ること・読むことの力や聞くこと・受け止め，対応の力がついてきたことで，スムーズなサインのやりとりが可能になった。これは，コミュニケーションの始発（スコア８の段階意義「音声や身振りによる働きかけ」）ができるようになったと考えられた。

半年後に評価を行ったことで，学習内容を修正した。課題５のシーソーはサインを出すことができるようになったので課題から外し，日常生活の遊びの中で続けて行うようにした。課題６のレゴ入れは，円盤差しに変え，円盤を棒に差した後に手を離すことがスムーズにできる学習とした。また，国語の「書くこと」として，シール貼りを導入した。その結果が，図４－６のとおりである。

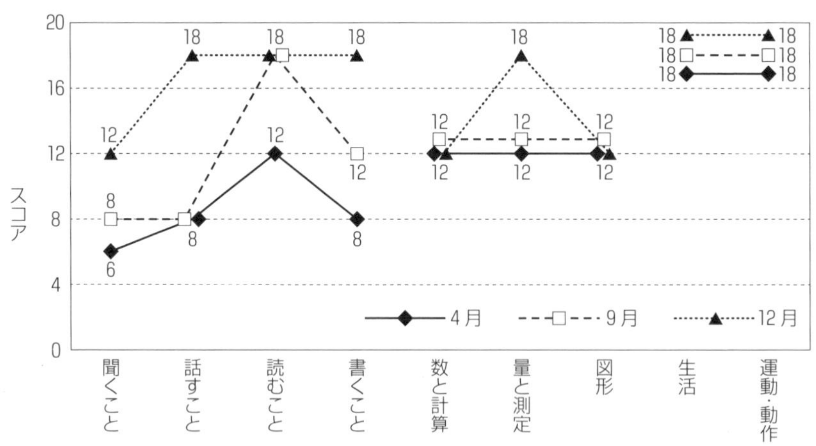

図４－６　B児のチェックリストの変化〈その２〉

(5) チェックリストを活用して

Sスケールを活用することで，以下の点が考えられた。

① 学習内容の習得状況が分析できて，長所を利用しながら短所を引き上げる目標が設定できた。

② 目標設定の見通しがもて，学習の意義がわかった。

③ 客観的にスコアという形で学習の足跡がわかり，確かな成長を感じることができた。

④ 担任や保護者に対しての共通理解に活用できた。

Sスケールの活用は評価者の主観が入る部分も多いが，他者との評価の違いを共有することこそ課題となる部分であり，確認しあうことができた。

教師がひとりで子どもの学習を組み立てるとどうしても偏ってしまったり，その学習でねらうことがずれてしまったりすることがある。Sスケールを活用することで学習内容のバランスを考えることができるとともに，系統的に学習を組み立てることができると考える。

また，障害があれば発達の違いやその速さに違いはあるものの，人として成長をしていくおおよその道筋に変わりはない。Sスケールは障害があろうとなかろうと１つの指標でその学習の進捗具合を知るアセスメントとなりうると共に，次の学習内容の指標となるものであった。

（宮崎亜紀）

3．その他のSスケールの活用例

障害のある子どもとの授業では，的確な実態把握から導き出された指導目標を設定し，具体的な指導内容を示した「個別の指導計画」に基づいて指導を行うことが求められている。

⑴ 個別の指導計画に基づく指導充実のためのツール

個別の指導計画を作成することは，特別支援学校学習指導要領で規定されている。この計画作成は，個々の子どもの実態把握から始まり，それに基づいて長期的および短期的な観点から指導目標を設定することになる。チームティーチングで指導を行うことが多い特別支援学校では，指導を担当する教員集団が個々の子どもの実態および指導目標や指導内容について，共通理解していることが必要になる。このような実態把握や指導目標の設定に際して，チェックリストは有効なツールとなる。

⑵ 知的障害教育における学習評価

障害のある子どもの学習評価については，個々に設定された各教科の指導目標の達成状況を評価することが求められる。小・中学校における学習評価は，観点別評価によって学習状況を分析的に評価することを基本としている。同じように，知的障害の特別支援学校における各教科の学習評価においても，観点別評価を行うこととされている。

したがって，観点別の評価規準を，学校として検討することが求められている。チェックリストを活用して適切な目標設定を行い，それに基づいて授業を展開することを前提に，評価の観点を踏まえて学習評価を行うことが必要になる。それを通して，個別の指導計画の修正を含めた授業の改善を図ることができる。

⑶ 各教科等を合わせた指導において

各教科等を合わせた指導（日常生活の指導など）については，特別支援学校だけではなく，小・中学校の特別支援学級においても実施されている。

畑瀬（2013）は，小学校の肢体不自由特別支援学級における実践を報告している（文献7）。知的障害と肢体不自由の小学校6年生の児童について，チェックリストを活用して，国語や算数，生活，運動・動作の実態把握を行っている。その結果は，国語は1，2年生程度，算数は3年生程度で，国語では「聞くこと」「話すこと」が低く，算数では「量と測定」が低いことがわかった。

日常生活の指導としての「朝の会」で，これらの弱い部分の活動を入れ込み，活動を構成した。「家庭での出来事を話す活動」や「本の読み聞かせで，内容を書き取る活動」「天気，温度調べ活動」等であり，肢体不自由から発生する困難さを軽減させる工夫を改善しながら，指導を展開した。

また，「生活単元学習（スライムを作ろう）」においても活動の中に，「話すこと」「聞くこと」「量と測定」を意識して，実態に応じた活動を展開するように工夫した。「話すこと」については，「発表カード」や話す内容を書き出す工夫をしている。また，「聞くこと」については，活動表や手順表を示しながら説明をし，身振りを加えながら指示を出すことで，聞いて行動することが高まった。さらに「量と測定」については，「水や材料を量る」で，行動の手がかりとなるようにビーカーにシールを貼る等の工夫を加えて，繰り返し指導することで「量る行動」が高まったとしている。

そして，6カ月の指導で「話すこと」「聞くこと」については，スコア60からスコア72に，「量と測定」についてはスコア72からスコア108へと，その伸びが示された。この成果について，「年間を通して，各教科等を合わせた指導の中で，目標を明確にして『話すこと』『聞くこと』『量と測定』の学習活動に継続して取り組んだ成果」としている。

(4) 授業におけるSスケール活用のまとめ

この実践では，チェックリストを活用した教科の視点からの実態把握により，教科や各教科等を合わせた授業における適切な目標設定が可能となった。

チェックリストによる実態把握では，各セルに記載されている行動項目は，その段階を代表する行動となっているため，視覚障害や聴覚障害，肢体不自由など，障害の状態によっては，類似（代替）する行動を検討しなければならない場合もある。しかし，知的障害を主な障害とする子どもでは，チェックリストの行動そのものが代表的なものになる。また，作業シートを活用しながら，根拠となる行動，目標設定，指導内容・方法に至る一連の過程を，指導にかかわる教員集団で共通理解できるツールであることも，このチェックリストの有用な点である。特別支援教育においては，エビデンスに基づく根拠のある指導（Evidence Based Education）が求められている。学習到達度チェックリストの活用は，このような要請にもこたえるものである。

（吉川知夫）

第５章　Ｓスケールの発達段階とその意義
――より有効に活用するために

本章では，Ｓスケールによる子どもの実態把握（学習評価）と目標設定を行う際の留意点，特に発達段階の意義（以下，「段階意義」）を踏まえることの重要性について述べる。

段階意義は，各スコアがどのような発達段階にあるのか，その発達的特徴や意義を記載したものである（表５－１，文献21）。例えば，スコア２では，「外界の探索と注意の焦点化，自発運動」とあるが，これは，子どもが外界の対象や事象に興味をもち始めて注意を向けたり，自発的に手足等を動かしたりするようになることを示している。また，学習到達度チェックリスト（以下，チェックリスト）に記載されている各行動項目は，この段階意義の代表となる行動指標として位置づけられる。

表５－１　各スコアでの発達段階の意義

スコア	発達段階の意義
18	言葉の理解，意図の理解と共有，要求の明確化，数量概念の形成 対象・事象の関係づけ
12	言語指示への応答，相互的なやりとりの拡大，発語，数量への対応 活動と結果のつながりの理解，手指の巧緻性，移動
8	言葉への応答，物を介したやりとりの芽生え，音声や身振りによる働きかけ 数量への注目，活動と結果のつながりへの気づき，探索的操作 姿勢の保持・変換
6	やりとりや行動の理解と予測，音声や表情による対応や模倣，注意の追従 物の単純な操作，体幹の操作
4	他者への注意と反応，発声，注意の持続，外界を志向した手指動作 頭部の操作
2	外界の探索と注意の焦点化，自発運動
1	外界の刺激や活動への遭遇，反射的反応

1．チェックリストによる実態把握と目標設定

チェックリストによって実態把握と目標設定を行う場合には，まず子どもがチェックリストの行動を獲得しているかどうかを確認する。そして，それらの行動と対応する段階意義をもとに，子どもがどのような発達の力を身につけているのかを見立て，子どもにどのような力を育むのかを見出す。

例えば，大人が指さした対象を子どもが見る「指さし理解」の行動がみられるようになった場合（スコア12）では，その行動が出現した背景に，スコア12の段階意義の「相互的なやりとりの拡大」，すなわち子どもの発達段階が，自己と他者，あるいは自己と対象から構成される二項関係から，自己，他者，対象を統合する三項関係（共同注意）へと移行したことを読み取る必要がある。

こうした実態把握をもとに指導目標が設定されるが，この場合は，芽生え始めた応答的な共同注意を確立させながら，スコア18の「意図の理解と共有」を導き出すことがその候補となる。この目標に基づいて，子どもが他者の意図や注意を理解するばかりでなく，他者に自らの意図や注意を伝えようとする動機づけが芽生えるような指導内容が計画・実施される。それによって，子どもが場面を共有しようとして他者に自発的に働きかけるための足場が形成されることになり，首尾よくいけば，その一例として，他者に伝えようと指さしをする「叙述の指さし行動」（スコア18に該当）がみられるだろう。

以上のことから，チェックリスト内の個々の行動の有無が授業づくりの基礎資料となるが，それを手がかりとして子どもの発達の様相を浮かび上がらせ，今後の指導のあり方を見出すプロセスが，チェックリストによる実態把握と目標設定である。そして，その中心的な役割を担っているのが段階意義である（文献16）。

2．チェックリストを活用する際の問題点

チェックリストにはスコアごとに行動項目が具体的に示されている。同様に，段階意義も示されているが，抽象的な表現であるため，行動項目のほう

がわかりやすい。そのため，教員が活用する際にチェックリストの行動のみに着目して，子どもがあるスコアの行動を獲得していれば次のスコアの行動を，もしもそうでなければ当該の行動を子どもができるようになることを目指す指導，すなわち特定の行動の獲得に特化した指導に偏る危険性がある。そうなると，段階意義を踏まえて行われるはずの実態把握と目標設定のプロセスが省略され，授業づくりが単に特定の行動の有無のみに依拠したものとなってしまう。

つまり，チェックリストが，その本来の目的から逸れて，安易な指導マニュアルとして使用されることになりかねない。その結果，子どもの実態を的確に把握してそれに見合った適切な指導を案出する教員の専門性が十分に発揮されないまま，授業が実践されるといった事態が十分に想定される。

そこで，こうした問題点を考慮して，段階意義を踏まえながら授業づくりができるように考案されたのが，「段階意義の系統図」である。

３．「段階意義の系統図 2019」（図５－１）の概要

「段階意義の系統図 2019」は，各段階意義がどのような発達の系統に含まれるのかを図示化したものである。チェックリストが，障害が重度で重複している子どもの指導を念頭に置いて開発されたことを反映して，系統図はスコア１からスコア18までの各段階意義がどのような発達の側面を構成するのかを表す概念図となっている（図５－１）。

この図から，チェックリストが大別して４つの発達の側面から構成されることがわかる（点線の円で囲まれた部分）。発達初期には，他者を含めた外界への注意の焦点化や持続，追従といった〈注意の制御〉の側面が子どもの発達の主要な部分となり，これが他の発達の側面の基盤となる。障害が重度で重複している子どもでは，この側面が指導の対象となることが多い。

〈社会性・コミュニケーション行動〉は，スコア２の「自発運動」から分化した「発声」と，「外界の探索と注意の焦点化」から分化した「他者への注意と反応」が起点となり，その後，社会的行動，発語，言語理解の３つの系統へと枝分かれする。

〈物の理解と操作〉は，スコア２の「自発運動」および「外界の探索と注

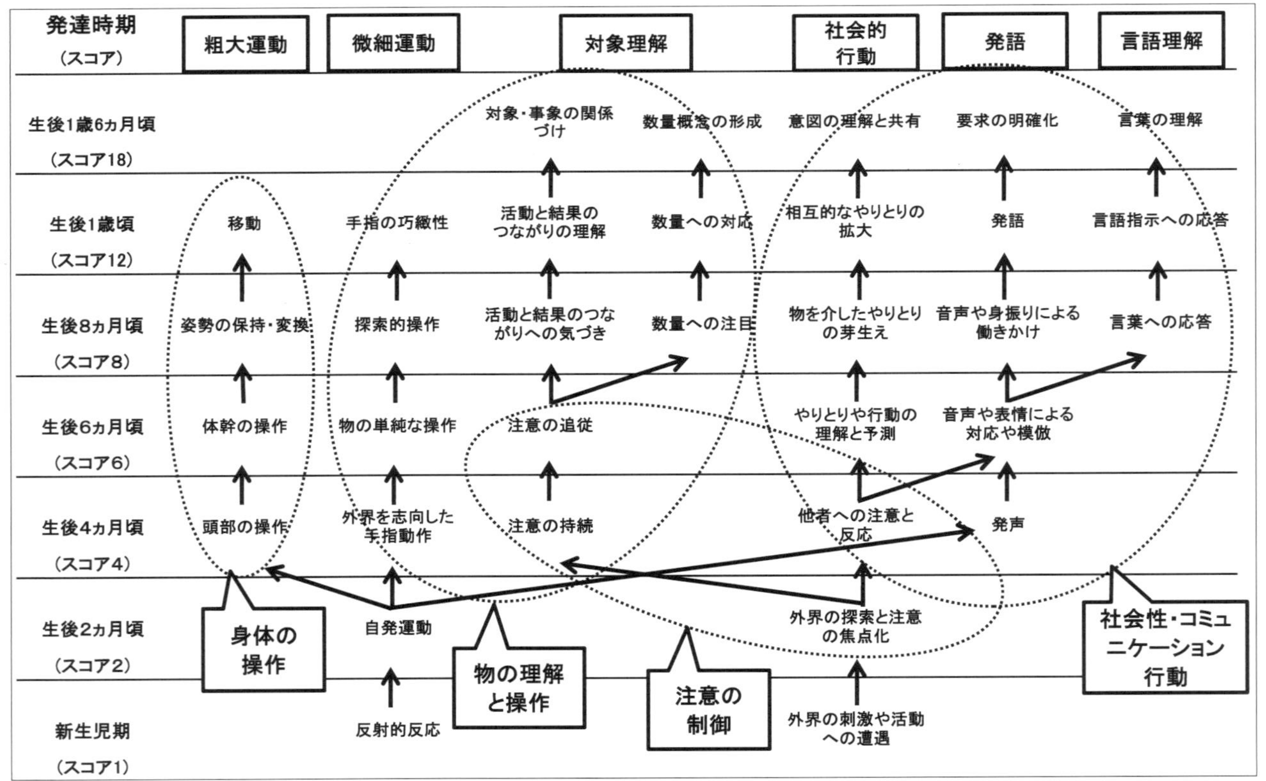

図5－1　「段階意義の系統図 2019」

意の焦点化」からそれぞれ分化した「外界を志向した手指動作」と「注意の持続」を起点とする系統が対になって発達する側面である。

最後の〈身体の操作〉は，「自発運動」から分化して「姿勢の保持・変換」や「移動」といった粗大運動の系統となっている。

４．チェックリストの行動項目と段階意義との対応関係

図５－２は，国語の教科のまとまりの１つ，「聞く」の前段階とされる［受け止め・対応］の各行動項目が，どの段階意義の代表となる行動であるのかを示している。この図で，左側の行動項目欄のアルファベット記号が，右側の系統図の同一記号と対応している。

例えば，スコア１にある「大きな音にびっくりする」の行動項目は，同一スコアの段階意義の「反射的反応」の代表となる行動である。こうした行動項目と段階意義との対応関係を視覚提示することで，各行動項目がどの段階意義と対応するのか，またどの発達の側面や系統に含まれるのかを理解するのが容易になる。

また，教科とそのまとまりを発達の側面からとらえ直すこともでき，例えばこの図５－２から，［受け止め・対応］のまとまりが〈注意の制御〉の発達を基盤として主に言語理解の系統に沿って育まれることがわかる。

５．段階意義の系統図による子どもの実態把握と目標設定

次に，実際の事例を交えながら，段階意義の系統図を使用して子どもの実態把握と目標設定をどのように行うのか，その具体的手続きについて概説する。

図５－３は，国語の教科に含まれるすべての行動項目がどの段階意義と対応するのかを示した図である。国語の４つのまとまりごとにアルファベット記号の表記の仕方を変えている。

例えば，［受け止め・対応］の行動項目は，アルファベット大文字の丸囲み（例：Ⓐ）となっている（その他のまとまりに関して，［表現・要求］をⓐ，［見ること］をＡ，［操作］をａとそれぞれ表記）。手続きとして，子どもの行動

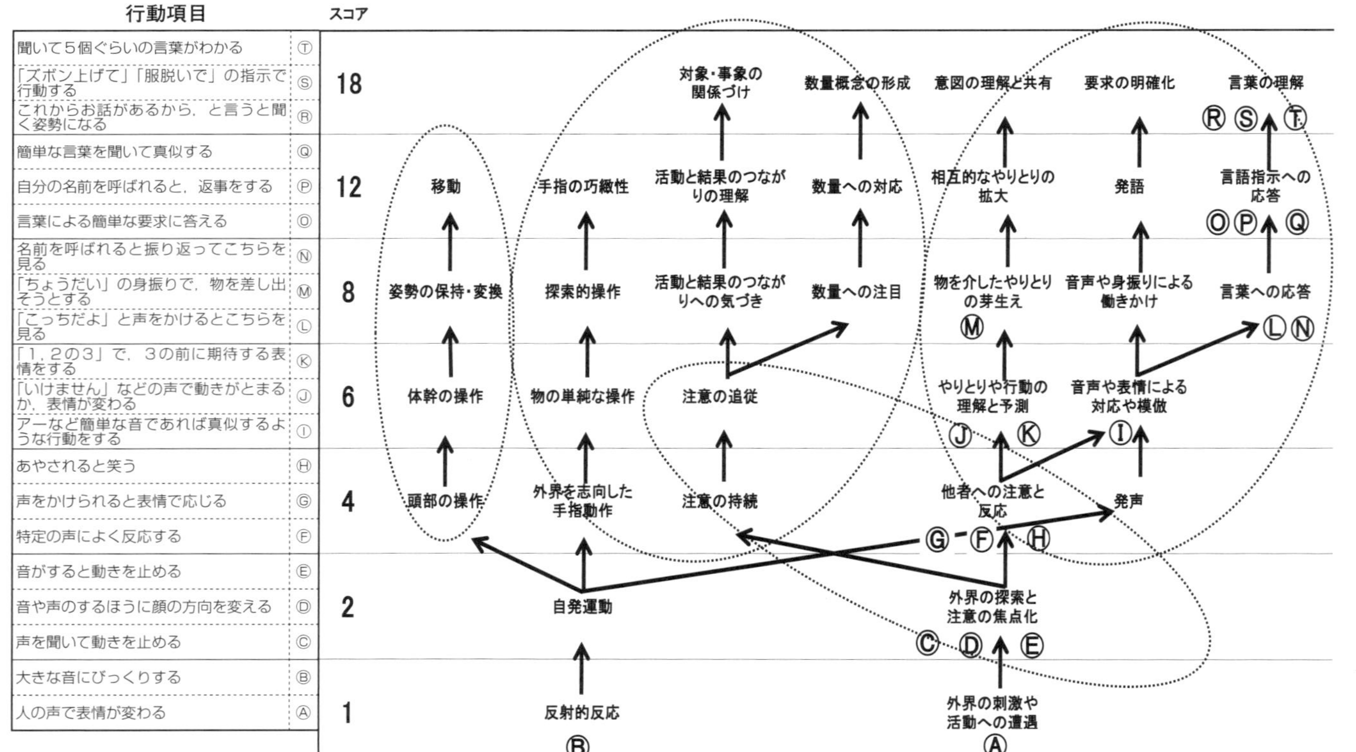

図５－２　国語の［受け止め・対応］のまとまりに関する行動項目と段階意義の対応図

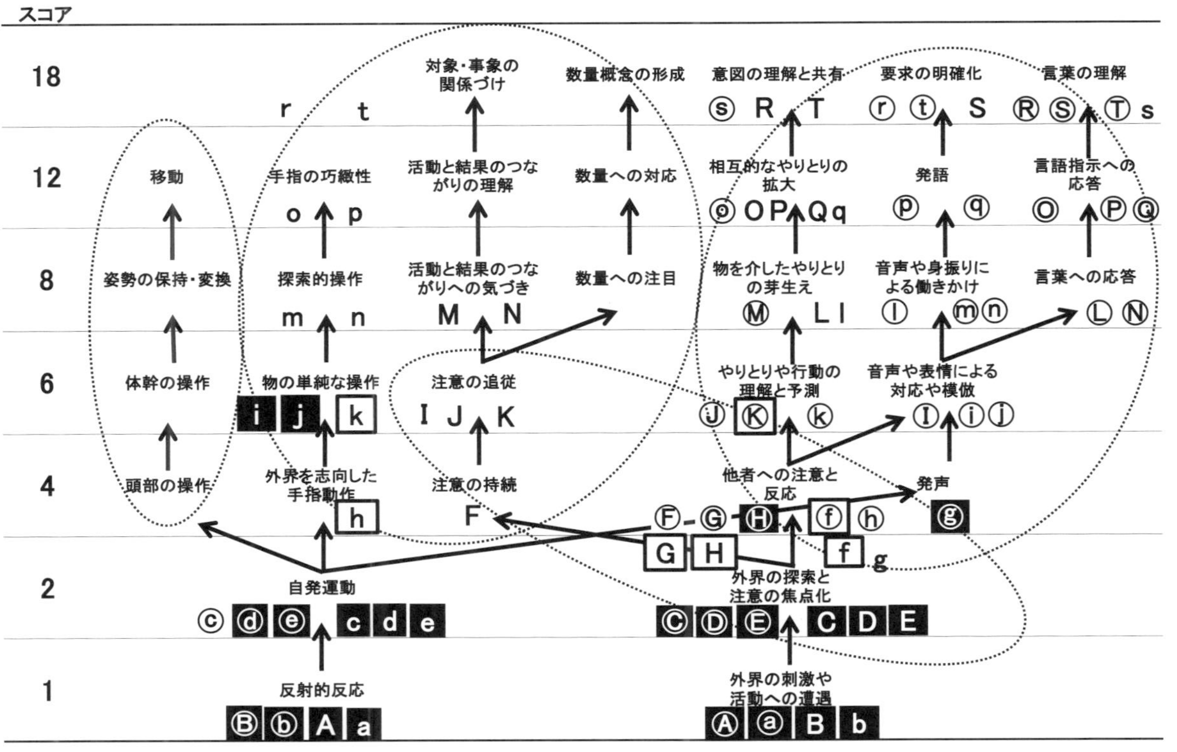

図5－3　国語の教科に関する行動項目と段階意義の対応図

観察をもとに作成されたチェックリストの結果を段階意義の系統図に転記する。その際，当該の行動が生起しているかどうかが判別できるように区別して記入する。

図5－3には，特別支援学校（肢体不自由）に在籍する生徒Xさん（中学部3年女子）を対象に実施したチェックリストの結果を載せているが，行動が生起している場合に黒地に白抜きの記号，部分的に可能である場合に四角の枠囲みの記号となっている。

こうして記入された段階意義の系統図から子どもがどのような段階意義を獲得しているのか，あるいは未獲得なのかを確認し，それを踏まえて子どもの発達の全体像を描き出す作業へと進む。

6．実践例から

図5－3を見ると，Xさんが全般にスコア2の発達段階に達しているが，スコア4以降が未確立であることがわかる。特に〈注意の制御〉の発達の側面に関して，外界への一時的な注意の焦点化は可能であるが，注意の持続や追従が難しい。ただ，他者への注意と反応に関する行動がいくつか表出していることから，事物に比べて人への関心が高いといえる。また，物の操作が可能である。こうした実態把握から，手指による操作や教師からの働きかけによって，課題への注意の集中や持続を促し，それに取り組む力を高めるといった指導目標が設定される。そして，この目標に基づいて，それぞれのまとまりに特徴づけられた指導の方針や内容が導き出されることになる。

なお，ここでは国語の教科を例に挙げたが，子どもの実態を多面的に理解するために，他の教科も含めて総合的に検討することが望ましい。

本章では，チェックリストによる子どもの実態把握と目標設定において，発達段階の意義を踏まえる重要性を指摘し，それを実践するための具体的提案として段階意義の系統図を紹介した。これが，子どもの実態把握，そして指導目標の設定ならびに指導内容の立案に至るまでの教員の熟考プロセスを支援し，その専門的成長をもたらす一助となることを期待したい。

（田中信利）

Column2

「段階意義」の用語解説

——→ スコア１

外界の刺激や活動への遭遇

外界における変化や大人からの声かけ，身体接触などの活動に出会うこと（遭遇）である。外界の刺激や活動を主として受動的に受け止めるものである。

反射的反応

突然の外界の変化に反射的に反応する。大きな音やまぶしい光にビクッと驚いたり，泣いたりする。あるいは，体に触られると，瞬間的に身体的反応を示す。

————→ スコア２

外界の探索と注意の焦点化

音が鳴ったり，物が動いたりする外界の変化に気づきが生じ，興味を示すようになる。この場合の探索は，「何だろう」と外界の変化に気づき，注意を向ける程度のものである。

自発運動

自発的に頭を動かす，手足を動かすなどの運動である。外界の変化に対する反射的な運動ではない。また，何かをするための目的的な運動でもない。

——————→ スコア４

他者への注意と反応

身近な大人に積極的に関心を示すようになり，声かけやあやし等の働きかけに対して，相手と視線を一致させ（アイコンタクト），応答するようになる。

発声

自発的な動きが広がり，泣く声でなくクーイング（「クー」「ウー」など発声）が生じるようになり，生後４カ月頃になると過渡期の喃語が生じるようになる。

注意の持続

注意の焦点化が高まり，それまで一時的に焦点づけていた注意を持続させるようになる。じっと凝視したり，腕を伸ばそうとしたりなど，探索的に人や物に注意を向け続けることが可能となる。

外界を志向した手指動作

自発運動の段階を脱して，目と手を協応させた動きが始まるとともに，外界の対象に手で直接触れる，もしくは伸ばすなど，対象に向かおうとする動作が芽生える。

頭部の操作

それまでは抱っこでも頭を支えてもらっていたものが，首がすわったり，うつぶせの状態で垂直に頭を上げたりするようになり，頭部の操作が制御可能となる。

――――――――――――――→ **スコア 6**

やりとりや行動の理解と予測

定型化したやりとりや行動の連鎖を理解するようになる。例えば，「イナイ・イナイ・バー」といった簡単な活動で，その後の展開を予測して期待するような表情や素振りを見せるようになる。

音声や表情による対応や模倣

大人からの言葉かけに「アー」や「ウー」と声を出したり，大人の誇張された表情に向けて自分自身の表情を変えたりする等，他者を意識し積極的に応答するようになる。

注意の追従

動く物や移動する人を目で捉え追うことである。動く物を広範囲にわたって目で追ったりする等，外界の対象の移動や事象の推移に対して注意を維持し続けることができようになる。

物の単純な操作

外界の対象に直接触れる，もしくは手を伸ばそうとするなど，対象操作の最初のステップを土台に，ガラガラを振る・手を伸ばして物をつかむなど，「目と手の協応動作」が成立し，物を扱うことを繰り返す。

体幹の操作

寝返りをうつなど意図的に自らの姿勢を変えるようになる。それまでは大人の手助けによって姿勢を変えてもらっていたのに対して，この時期になると自分で姿勢を変えられるようになる。

————————————————→ **スコア 8**

言葉への応答

大人の発した呼名に応じるなど，その場の文脈を手がかりとして，自分の名前や日常的によく使われる簡単な言葉を理解できるようになる。だが，これらの行動は，その場の文脈に依存している。

物を介したやりとりの芽生え

大人とのやりとりに物が持ち込まれ，物を受け取る・差し出すなど「物を介したやりとりの芽生え」がみられるようになり，やりとりが多様になる。

音声や身振りによる働きかけ

例えば，ほしい物を要求するなど，発声や身振り，視線といった前言語的なコミュニケーション手段によって，子どもから自発的に大人の注意を引き，活発なコミュニケーションを展開するようになる。

数量への注目

２つの物をぶつけ合う，あるいは２つの物からお気に入りの物を選ぶというように，１つの対象だけに注意を向けるのではなく，複数の対象に同時に注意を向けるようになる。

活動と結果のつながりへの気づき

目の前で隠された物を探そうとするようになるなど，物への瞬間的な理解から，時間的に持続して物を理解するようになり，「こうしたら，こうなる」など，活動の推移や変化に注目し，それに気づきを示すようになる。

探索的操作

「目と手の協応動作」を土台に，物をつかんで繰り返しぶつけるなどの操作をするようになり，行動を始める前にちょっと物を見たり，行動が終わった後で少し振り返るように物を見つめたり，探索するようになる。

姿勢の保持・変換

体幹がしっかりして，ひとり座りや両手と両膝で支えた四つ這い姿勢ができるようになる。また，仰向けからうつ伏せへ，あるいはうつ伏せから仰向けへと自由に姿勢を変えるようになる。

――――――――――――――――→スコア12

言語指示への応答

大人とのやりとりを通じて，物と言葉の関連に気づき始め，「ボールちょうだい」など，簡単な指示に応じるようになる。ルーチン化した日常場面での言葉による簡単な要求に応じるようになる。

相互的なやりとりの拡大

応答的な行動だけでなく，自分が注意を向けている対象に大人の注意を向けさせようとして働きかけるなど，物を介したやりとりが安定し，拡大する。

発語

前言語的なコミュニケーションである発声や身振り，視線といった手段に加えて，「マンマ」「ママ」など，簡単な言葉を発するようになる。言葉の発達が芽生え始め，初語が出現する。

数量への対応

複数の対象に注意を向けて，その違いを理解して，それに応じる行動が可能になる。大きいほうを選んだり，「こっち，ちょうだい」の選択に応じたりするなど，区別や選択をするようになる。

活動と結果のつながりの理解

活動の推移や変化に注目するようになると次第に，活動同士のつながりや活動全体に対する理解ができるようになる。「この後，こうなる」という見通しが可能になる。

手指の巧緻性

人差し指の先端と親指の先との間での「ピンチ状把握」ができるようになると，かなり小さな物も拾って取り扱うことができるようになる。こうした行動が非常に技能化した道具の使用につながる。

移動

つかまって立ったりしゃがんだりしながら，両脚をうまく使えるようになると，ひとりで立つことができるようになる。その後，伝え歩きをしながらの移動を経て，ひとりで歩くようになる。

――――――――――――――――――――→ スコア18

言葉の理解

言葉の指示機能を理解し，言葉を使用する段階である。そのため，その場の文脈から離れても，身近な大人から発せられた言葉を理解したり，それに合わせて行動したりすることが多くなる。

意図の理解と共有

単なる行動のみの理解にとどまらず，相手が意図通りに行動できない場合に，相手が何をしようとしてそのような行動をするのかといった相手の心の状態にまで目を向けられるようになる。

要求の明確化

「(○○を) 取って」や「(○○を) やって」等，自らの要求を言葉で相手に表現するようになる。自分の意図に沿うように相手を動かそうとする行為主体としての自分を認識できていることを意味している。

数量概念の形成

言葉の意味を理解することに伴って，次第に「少し」「たくさん」「全部」といった言葉がわかるようになり，数量についての概念を獲得し始める。

対象・事象の関係づけ

身近な活動で次の行動を予測したり，形という属性で同じ物を選んだりするようになる。このように，ある活動とその前後の活動とを関係づけたり，ある対象と別の対象を関係づけたりするようになる。

(田中信利・徳永 豊)

第6章　チェックリストの課題，新たなチャレンジへ

学びに困難さのある子ども，特に障害の重い子どもに対する指導目標の設定は，特別支援教育において重要な課題となっている。この解決方法の１つとして「Sスケール」「学習到達度チェックリスト」（以下，チェックリスト）を提案し，その開発と活用について紹介してきた。このSスケールの特徴は，①国語や算数等の教科の視点で子どもが身につけた力をみていく点と，②子どもの発達を基礎として子どもの学びやその順序性を重視する点であった。

ここでは，これまでの内容を振り返り，大切と考えられる点や課題となっている点を整理しつつ，次のステップについて検討する。

１．適正な指導目標の設定

学校での授業では，必ず指導目標が設定される。ではなぜ，障害の重い子どもの場合に，これを適切に設定するのが難しいのであろうか。

小学校等では，学習指導要領に各教科等の目標や各学年の目標および内容が示されている。それらを踏まえて教科書が作成されている。授業を計画する際には，これらに基づき，指導目標や内容を決める。各教科の内容は大まかな子どもの発達を踏まえて，その順序性が検討され，学びやすい内容になっている。

しかしながら，知的障害がある場合には，この教科書や各教科の目標等が手がかりとならない。なぜなら，子どもの年齢が同じであっても学びの程度がばらばらだからである。障害の状態や学びの程度が異なり，個々の実態に応じて適切に目標を設定し，授業を展開することが必要となる。

このために，特別支援学校では，個々の子どもの実態を反映させた「個別の指導計画」を作成している。この計画では，子どもの実態を踏まえて目標

設定することになっている。そして，目標設定は教員に任せられている。だが，教員がその目標設定で迷うことが多い。または，設定した目標が適切なのか否かについて自信をもてない。なぜなら，どのように目標設定するか，どのような指導内容を選択するかについては，明確な手続きや明らかな基準がないからである。

つまり，子どもの学びの程度が一人ひとりで異なり，違いの幅が大きく，さらに目標設定の明確な基準がないから，適切に目標設定することが難しくなっているのである。

2．目標設定の適切さとは

それでは，指導目標の適切さとは，どのような視点で判断するのだろうか。

学びを積み重ねて，①どのような力を身につけるのかの方向性や，②必要となる力をバランス良く，という適切さがある。さらに，欠かすことのできないものは，③子どもの「学び」につながる活動か否かの適切さがある。言い換えると，学ぶ内容の順序性からみた適切さである。

学びにつながるいい授業とは，「子どもがこれまでの体験に，授業での体験を新たな体験として主体的につなげ，行動を変化させること」と考えている。活動での体験が，その子どもにとってのつながる活動か否かは重要な点である。

算数を例にあげると，足し算や引き算の力を身につけずに，掛け算や割り算は学べない。小学校でいきなり掛け算の学習が始まれば，多くの子どもは算数が嫌いになる。また，掛け算を学び，割り算に取り組んでいる子どもに，足し算や引き算の目標は設定しない。

しかしながら，障害がある子どもの場合には，これに似たようなことが生じる。なぜなら，学びの順序性を考える枠組みが曖昧だからである。また，この段階や順序性を考慮しないと，「子どもが努力しても達成できない目標」や「すでに達成していた目標」を指導目標にしてしまうことが生じる。

ちなみに，「努力しても達成できない目標」であれば，当然のこととして，子どもに学習の困難さが生じる。この困難さは，子どもが取り組む課題や活動が，子どもの能力にふさわしくないためであり，課題や活動を選択した教員にその原因があると指摘されている（文献１）。

適切でない目標や活動を設定しないためには，次の２点が重要となる。

第１に，子どもがこれまでに学んで経験してきたこと，現在で達成していることを把握すること（実態把握）である。第２に，これから学ぶことを段階的に理解し順序を踏まえて，「少し努力すれば達成できること」を選択することである。そうすることで，その子どもにとって適切な指導目標や内容を設定できることになる。

このように学びを考えると，どのような力を積み重ねていくか，そのために大まかな段階や順序性をどうみていくか，が大切になる。なお，Sスケールでは「どのような力なのか」を理解するために，学校教育として分かりやすい「教科」の視点を活用している。

３．段階や順序性はどこから

それでは，学ぶ内容について段階的に順序を決める際の手がかりは何であろうか。視覚障害や肢体不自由などの障害特性で，この段階や順序性は異なるのだろうか。言い換えれば，授業として学ぶ内容は，障害特性で異なるのであろうか。

高校生の段階になると学ぶ内容はより複雑になるが，知的障害を伴う場合で小・中学校の段階であれば，この段階や順序性の基本は，子どもの発達と考えられる。様々な経験を積み重ねながら，行動や思考がどのように変化していくかという原則である。そして，障害の特性は表面的に観察される行動等に影響は与えるが，その段階や順序性は同じである。行動の段階や思考の本質は障害特性によって影響を受けない。感覚運動的な活動から，具体的体験による理解，さらには抽象的な思考という順番が変わることはあり得ない。

つまり，子どもの障害特性を考慮することは大切だが，学びを考える際に，その特性ばかりに目を向けてはいけない。適切に目標を設定するには，子どもの発達の段階と順序性を細かく見ていくことが必要になる。

さらにこの段階を検討していく場合には，「大人の力を借りる」か否か，の教員の支援の程度についても考慮することが必要になる。

４．なぜチェックリストが必要なのか

子どもの学びをこのように考えていくと，チェックリストが必要になる理由は，次になる。

1）現在は，就学前，特に２歳程度までの学びの状況が把握されていない。発達を踏まえて，子どもの学びの状況を細かに把握する必要がある。

2）現在は，将来において身につけたい力，それを想定して，その力につながる下位の力を段階的にとらえていない。つけたい力を段階的にそして順序性を踏まえて把握することが必要である。現在から将来，つまり卒業までの大まかな学び（発達）の予想図が必要である。

3）現在は，学びの状況の把握，発達の段階的な理解がないから，適切に目標の設定がされていない。少し努力すれば達成可能な目標を選択することが必要になっている。

これらの課題を解決し，適切な目標設定を実現するためにチェックリストが必要になっている。

５．チェックリストの守備範囲と限界

チェックリストは，子どもの実態把握や目標設定に際して，教員や関係者に最低限の共通理解を提供するものである。障害が重度で重複している子どもを対象として，発達段階が２歳程度までを詳細に検討してきた。チェックリストそのものは小学校以下の目標設定のためのツールを目指している。しかしながら，現在のチェックリストの守備範囲は発達段階が２・３歳程度以下と考えている。また，次のような限界もある。

第１に，このチェックリストだけで授業づくりをすることはできない。ツールの１つにしか過ぎず，他の実態把握や授業として実現したいことを含めて，ダイナミックな授業が大切になる。教科の視点を重視するが，教科別の指導を基本とするわけでなく，子どもの学びやすい工夫が大切になる。この点については，教員の創造力と経験が重要なものになる。そのような授業において最低限に押さえておきたいポイントを提供するだけである。

第２に，中学校・高校の段階で学習する子どもの場合には，卒業後の生活を念頭に，授業でつけたい力を考えることが求められる。「キャリア教育」として枠組みを整理する動きがある。障害が重度な場合は特に，身につけたい力としては，教科等で身につけたい力と共通する部分も多い。しかしながら，その年齢段階における子どもの実態把握や目標設定としては，教科の視点のみでは限界がある。

６．Sスケール活用の成果

Sスケールを活用した成果として，実践者から次のような感想がきている。

まず，学習内容については，「これまでの学習内容に偏りがあることに気づけた。『聞く』『話す』は意識していたが，『見る（読む）』や算数に関する行動を把握していなかった。チェックリストで，バランス良く子どもの力を把握するようになった」であった。

また，実態把握から目標設定，評価の流れについては，「チェックリスト，シートを使うことで，目標設定までの手順が明確になり，根拠をもって目標を説明できるようになった」や「行動項目が段階的になっていて，検討する行動が焦点化しやすいし，わずかな変化に気づき，ほめる行動につながった」「障害が重度な子どもであっても教科の視点を活用することで，学びを積み重ねる手がかりとすることができた」であった。

さらに，指導の見通しについては，「子どもの学んだ足跡を『スコア』や『根拠となる行動』から確認でき，子どもの成長を実感できた」や「これまでの指導がわかりやすくなり，継続的・発展的な指導とのつながりが見えてきた」「１枚のチェックリストで，子どもの学びの全体がわかり，授業での活動が，どこに向かっているのかがわかるようになった」であった。

最後に，共通理解については，「子どもの行動の具体的な把握であり，他の教員との共通理解が高まったし，引き継ぎの資料として貴重なものになった」や「個別化が進むなかで，目標設定も担任に任され，他の教師と同じ土俵にのれない難しさがあった。しかしながら，チェックリストを活用することで，同じ土俵で話ができるようになった」があった。さらに，「授業で取り組んでいることが，今後，どのようにつながるかの見通しを持つために有効であるし，保護者に説明しやすくなった」などであった。

７．チェックリストの課題

このチェックリストそのもの，また活用した授業づくりは，実践を重ねながらの改善が求められる。今の時点での大きな課題としては，どのような点があげられるだろうか。

第１に，チェックリストは重度・重複した障害の子どもを中心に検討してきた経緯もあって，スコア18までの内容は詳細になっているものの，それ以上の段階の検討がまだである。知的障害の子どもを対象とするには，スコア24からスコア72までの段階意義の整理と行動項目の検討が必要である。

第２に，代替行動を検討することである。チェックリストの行動項目は，定型発達を踏まえた行動を基本としている。障害がある場合には，見ることや聞くこと，手の操作が困難な場合も多い。この際の代替行動の検討は授業実践者に任せている状況である。例えば，見ることが困難な場合の外界の探索や理解を示す行動の整理などが課題となっている。

第３に，音楽や図工などの他の教科の可能性を探るとともに，段階意義を踏まえて，代表となる行動項目を再検討する必要がある。現在は，国語・算数等の代表となる行動として示しているが，その妥当性をさらに吟味していく必要がある。

実践からの意見で改良を

ここで取り上げたSスケールやチェックリスト等については，現時点での到達点である。研究会を重ね，活用・実践している方々の意見を踏まえて見直し，チェックリストなどは改訂を繰り返してきた。今後も，より理解しやすいもの，使いやすいものに改良していく。活用が広がり，そのデータが集まれば，そこから新たな事実が生まれてくる。このチェックリストとその開発は，日々の授業を実践している教員にとって，授業を見直すためのツールづくりである。このツールをさらに活用しやすいもの，質が高いものにしていくには，実践者からの情報が手がかりであり，それなくして前進はない。活用しての貴重な報告や意見が必要となっている。

（徳永　豊）

用語解説

●あ行

一致した適切な判断

学習評価を判断する際に，複数の教員等で協議することが前提であり，その際に合意した判断のこと。

Sスケール

発達初期の学びを把握するために，教科のまとまりと発達段階を踏まえて作成された尺度。

●か行

各教科等を合わせた指導

知的発達の程度に応じて，各教科や領域を別々に指導するのでなく，合わせて指導するもの。

学習到達度チェックリスト

Sスケールの考えにより構成された行動項目の一覧であり，学習評価や目標設定のために活用するもの。

学習の履歴

これまでに取り組んだ学習目標のつながりを踏まえた学びの軌跡のことで，設定された目標の説明の根拠となるもの。

（国語の）まとまり，または領域

国語の場合は「聞く」「話す」「読む」「書く」であり，国語を構成する要素，成分のこと。

共同注意

二者間で同じ対象に注意を向け，お互いに注意を向けていることを理解し，その体験を共有していること。コミュニケーションの基礎となる発達現象のこと。

行動項目

子どもの評価の際に，可能か否かを検討する手がかりとなる行動を記述したもの。

根拠となる行動

代表となる行動である行動項目を手がかりに，実態把握（学習評価）を行う際に，その子どもが示す具体的な行動のこと。

●さ行

自立活動

特別支援学校の教育課程にのみある学習の領域で，障害による困難さに対応する指導のこと。

スコア

学びの段階を示すものであり，発達の程度を表すもの。おおよその月齢にあたるもの。

セル

教科のまとまりと発達段階で位置付けられるチェックリストの欄，その中には，3つの代表となる行動が記載されている。

●た行

代替する行動

障害による活動の制限がある場合に，可能な行動で読み替えた行動のこと。

代表となる行動
教科のまとまりと発達段階を考慮して，そこに含まれる行動で典型的に特徴を示していると考えられる行動のこと。

特別支援学校（知的障害）の教科（知的障害の教科）
知的発達の程度に合わせて，学びやすいように容易な内容から構成されている教科であり，その名称は小学校等の教科と同じものがある。

●な行

二項関係・三項関係
子どもと物（物で遊ぶ），子どもと大人のつながりによる活動が二項関係であり，子どもと物，大人（物をあげる，もらう）のつながりによる活動を三項関係という。

●は行

発達段階の意義（段階意義）
スコアに示される発達段階について，その発達的特徴や意義を記載したものであり，目標とする行動を選択する際の手がかりとなるものである。

Ｐスケール
イギリスで，教科の視点で発達段階を踏まえた尺度とその行動記述で，目標設定に活用するもの。

（上への）広がり
目標設定の際に，到達している発達段階のひとつ上の段階に含まれる行動を目標にすること。

（横への）広がり
目標設定の際に，到達している発達段階に含まれる行動を目標にすること。

●ま～わ行

芽生え的行動
安定して生起する行動ではないものの，７割未満３割程度で生起する行動であり，重要な学習目標となる行動のこと。

ものさし
学びの状況や学びの進み具合を確かめ，目標設定に活用する外的な基準，尺度のこと。

引用文献

1) Ainscow, M. & Tweddle, D. A. (1988) Encouraging Classroom Success. London: David Fulton.

2) Department for Education and Employment (1998) *Supporting the Target Setting Process : Guidance for effective target setting for pupils with special educational needs.* DfEE Publication Centre, Suffolk, UK.

3) Department for Education and Employment (2001) *Supporting the Target Setting Process (revised March 2001): Guidance for effective target setting for pupils with special educational needs.* http://www.gmsen.co.uk/fileuploads/targets/setting/general/SEN^nSupportingtheTargetSettingProcess.pdf（2013年6月27日閲覧）

4) 遠城寺宗徳「遠城寺式・乳幼児分析的発達検査表（九大小児科改訂版）」慶應義塾大学出版会，1976年（解説書は，遠城寺宗徳『遠城寺式・乳幼児分析的発達検査法（九州大学小児科改訂新装版）』慶應義塾大学出版会, 2009年）

5) Equals (1998) *Baseline Assessment Scheme and Curriculum Target Setting.* Equals.

6) 古山勝「障害の重い子供における三項関係の形成をめざした実践」，『肢体不自由教育』195号，2010年

7) 畑瀬真理子「小学校肢体不自由特別支援学級における各教科等を合わせた指導―『学習到達度チェックリスト』を用いて―」，『肢体不自由教育』208号，2013年

8) 厚生労働省「保育所保育指針」2017年

9) 宮崎亜紀「知的障害のある児童の指導をとおして」，「障害のある子どもの学習評価と授業改善セミナー 2012・東京」資料，2012年

10) 文部科学省「幼稚園教育要領」2017年

11) 文部科学省「特別支援学校教育要領・学習指導要領解説　総則等編（幼稚部・小学部・中学部）」2018年

12) ロシャ，P.（板倉昭二，開一夫監訳）『乳児の世界』ミネルヴァ書房，2004年

13) スターン, D. N.（神庭靖子ほか訳）『乳児の対人世界（理論編）』岩崎学術出版社，1989年

14) 大神英裕「共同注意関連の30項目からなる行動評価の改訂版　資料」2001年

15) 大神英裕『発達障害の早期支援』ミネルヴァ書房，2008年

16) 田中信利「学習到達度チェックリストにおける『段階・意義』の発達経路―『国語』の教科を題材として―」，『第10回 障害のある子どもの学習評価と授業改善を考える研究会発表資料』2013年

17) 徳永豊「重度・重複障害児における共同注意関連行動と目標設定及び学習評価のための学習到達度チェックリストの開発」，『平成15～17年度科学研究費補助金研究成果報告書』2006年

18) 徳永豊「イギリスにおける障害のある子どもの学習評価（1）」，『教育と医学』2009年8月号，90-97頁

19) 徳永豊「イギリスにおける障害のある子どもの学習評価（2）」，『教育と

医学』2009年９月号，86-94頁

20）徳永豊『重度・重複障害児の対人相互交渉における共同注意―コミュニケーション行動の基盤について―』慶應義塾大学出版会，2009年

21）徳永豊・田中信利『障害の重い子どもの発達理解ガイド』慶應義塾大学出版会，2019年

22）筑波大学附属桐が丘養護学校「肢体不自由教育における小中高一貫の教育計画と評価―学習評価の改善を通して実現する『個の教育的ニーズ』に応じた指導―」，『筑波大学附属桐が丘養護学校研究紀要』第40巻，2005年

執筆分担一覧

＊所属は2021年3月現在。

徳永　豊（とくなが ゆたか）　福岡大学 教授
第１章-１ ～ ４，第２章，第３章，第６章，コラム１・２

一木　薫（いちき かおる）　福岡教育大学 教授
第１章-５ ～ ９

古山　勝（ふるやま まさる）　千葉県立佐原高等学校 教諭
第４章-１

宮崎亜紀（みやざき あき）　熊本県立菊池支援学校 指導教諭
第４章-２

吉川知夫（よしかわ ともお）　国立特別支援教育総合研究所 総括研究員
第４章-３

田中信利（たなか のぶとし）　北九州市立大学 教授
第５章，コラム１・２

執筆協力者・団体

障害のある子どもの学習評価と授業改善の研究会
古川勝也（西九州大学 特任教授）
吉田道広（熊本県立熊本はばたき高等支援学校 校長）
宮尾尚樹（長崎県教育庁 係長）
立岡里香（長崎大学教育学部附属特別支援学校 主幹教諭）
副枝厚子（障害児支援の会ぱれっと 指導員）
宮川　明（長崎県立佐世保特別支援学校 教諭）
橘　英之（熊本県立熊本はばたき高等支援学校 教諭）
その他多数の方々

「学習到達度チェックリスト」および各シートの使用について

本書で用いている「学習到達度チェックリスト」や各シートは，本書を購入した方に限り，下記のアドレスのWebページよりダウンロードし，使用することができます。

1．「学習到達度チェックリスト 2019」…………………………… 本書p10-11

1-1．エクセルデータ

電子ファイルで保存して使用するものです。
各セルの行動項目に付いている□の中に，○，△，■，※を選択して記入できるようになっています。

1-2．PDFデータ

手書きで使用するものです。A３用紙の両面に印刷し，色違いで記入するなど，工夫して活用してください。

2．「スコアと根拠となる行動シート」（PDF）…………………………本書p22
3．「目標のための手がかりとなる行動シート」（PDF） …………本書p24
4．「目標・指導内容・方法シート」（PDF）…………………………本書p27

上記２～４のシートは，PDFのみです。

<アクセス方法>

下記のWebページから，指示に従って
ダウンロードしてください。

Webページ：https://www.keio-up.co.jp/gc2014/

ID：Gc20141020　　　　パスワード：aiEiGZ%u_xp7

なおWebページでの掲載期間は，本書発行から８年間の予定です。
その後の掲載方法などについては，上記Webページでお知らせする予定です。

編者紹介

徳永　豊（とくなが　ゆたか）

福岡大学人文学部教授。臨床心理士。公認心理師。専門は特別支援教育，発達臨床および国際比較。九州大学大学院教育学研究科博士課程退学。独立行政法人国立特別支援教育総合研究所企画部総括研究員などを経て現職。
著書に『障害の重い子どもの発達理解ガイド』（共編著，慶應義塾大学出版会，2019年），『重度・重複障害児の対人相互交渉における共同注意』（慶應義塾大学出版会，2009年），『コミュニケーションの支援と授業づくり』（共編著，慶應義塾大学出版会，2008年），『肢体不自由教育の基本とその展開』（共編著，慶應義塾大学出版会，2007年）など。

障害の重い子どもの目標設定ガイド　第２版
——授業における「Sスケール」の活用

2014年10月20日　初版第１刷発行
2021年３月15日　第２版第１刷発行
2022年６月９日　第２版第２刷発行

編著者————徳永　豊
発行者————依田俊之
発行所————慶應義塾大学出版会株式会社
〒108-8346　東京都港区三田2-19-30
TEL〔編集部〕03-3451-0931
〔営業部〕03-3451-3584〈ご注文〉
〔　〃　〕03-3451-6926
FAX〔営業部〕03-3451-3122
振替　00190-8-155497
https://www.keio-up.co.jp/
装　丁————本永惠子
印刷・製本——中央精版印刷株式会社
カバー印刷——株式会社太平印刷社

Printed in Japan　ISBN 978-4-7664-2732-5